Zu diesem Buch

Unzufrieden mit der bestehenden Situation zeigt die Anwältin Gret Haller auf, daß und warum sich unsere Menschenwelt immer noch in eine «Frauenwelt» und eine «Männerwelt» aufteilt.

Voraussetzung für eine Zusammenführung beider Welten kann nur eine finanzielle Unabhängigkeit sein: der Frau vom Gehalt des Mannes; des Mannes von seiner belastenden Alleinernährer-Funktion.

Gret Hallers Modell ist äußerst einleuchtend und in die Praxis umsetzbar, ein wichtiger Beitrag zu der Diskussion um die Verteilung der Arbeit.

Gret Haller, geboren 1947, arbeitet als Rechtsanwältin in Bern. Sie ist aktive Feministin und gehört der sozialdemokratischen Fraktion des Berner Stadtparlamentes an.

Gret Haller

Frauen und Männer

Die Zukunft
der Gleichberechtigung

Rowohlt

Umschlagentwurf Klaus Detjen
Veröffentlicht im
Rowohlt Taschenbuch Verlag GmbH,
Reinbek bei Hamburg, November 1983
Copyright © 1980 by Zytglogge Verlag, Bern
Satz Bembo (Linotron 404)
Gesamtherstellung Clausen & Bosse, Leck
Printed in Germany
580-ISBN 3 499 17788 9

Inhalt

1. Frauenwelt und Männerwelt

Was die Männer und Frauen delegiert haben 9
Privat und nichtprivat 12
Unwirtschaftlich und wirtschaftlich 13
Lebensfreundlich und lebensfeindlich 15
Frauenwelt und Männerwelt brauchen einander 17

2. Frauen in zwei Lagern

Zugang zur Männerwelt – Zugang zur Frauenwelt 19
Frauen in der Männerwelt 21
Die Firma Rütli & Co.: Ein Beispiel 23
Doppelbelastung 28
Ein Bundesamt für Heiratsvermittlung? 31

3. Zerstörerische Männerwelt

Vom Fräulein zur Frau 35
Verehrung und Verachtung für «echte» Frauen 39
Weiblich definierte Wertvorstellungen sind minderwertig 44
Frauen sind überhaupt minderwertig 46
Gewalt gegen Frauen 49
Die stille Rache der Frauen 52
Gewalt und Zerstörung als Prinzip 56
Lauter halbe Menschen? 60

4. Überwindung der Spaltung in Frauenwelt und Männerwelt

Befreiung der Lebensfreundlichkeit aus dem Privatbereich 63
Entmachtung der Lebensfeindlichkeit 66
Weiblich definierte Wertvorstellungen in die Männerwelt 70
Weg vom Weiblichkeitswahn und vom Männlichkeitswahn 72
Ganze Menschen 75

5. Versorgungsunabhängigkeit als Ansatzpunkt

Neuverteilung der bezahlten und unbezahlten Arbeit 79
20–30 Stunden Erwerbsarbeit pro Woche? 82
Und die Kinder? 86
Schluß mit den Familienernährer-Löhnen 91
Denken in Zielvorstellungen und Generationen 95
Vielfalt der Lebensformen 99
Mehr persönliche Freiheit in der Lebensgestaltung 102

6. Wie weiter?

Individuelle Veränderungen 108
Veränderungen in der Öffentlichkeit 111
«Frauenfragen», «Partnerschaft» und «Gleichmacherei» 119

Vorwort

Heute könnte ich dieses Buch nicht mehr so schreiben. Das ist der erste Gedanke, der mir durch den Kopf geht. Diese Woche habe ich das Manuskript für ein zweites, kleineres Buch abgeliefert, kein «Sachbuch» mehr. Es ist fast auf den Tag drei Jahre her, seit «Frauen und Männer» fertig wurde.

Ich konnte vor drei Jahren nicht wissen, daß «Frauen und Männer» für mich der Beginn einer Reise war. Ich dachte, ich hätte ein «Sachbuch» geschrieben, mit Dingen drin, die mir so nach und nach während etwa zehn Jahren in meinem persönlichen, juristischen und politischen Alltag klargeworden waren. Sie waren für mich so einleuchtend, daß ich fand, alle Leute müssen eigentlich einsehen, daß es so sei. Und weil das in Gesprächen und bei Vorträgen durchaus nicht alle Leute einfach so taten, schrieb ich mir die einleuchtende Sache halt einmal von der Seele. Zugegeben, das sind keine idealen Voraussetzungen, um «Sach»-Bücher zu schreiben. Die sollen ja eben «sachlich» sein, emotionslos, vernünftig etc.

Und dieser Widerspruch war der Reiseanfang: Ich habe ihre «Sachlichkeit», ihre «Vernunft», ihre Formen in Frage zu stellen begonnen. Weil diese von ihnen definierten Dinge äußerst unsachliche und unvernünftige Formen sind, die jeden lebendigen Inhalt abtöten. Die Form, die ich für «Frauen und Männer» gewählt habe, ist am Übergang. Ich habe vor drei Jahren noch versucht, ihren Ansprüchen an «Sachlichkeit» gerecht zu werden.

Den Text habe ich für die Taschenbuch-Ausgabe nicht überarbeitet, ich wollte ihn so lassen, wie er damals entstanden ist. Nur einige wenige Details wurden geändert, weil sie lediglich auf schweizerische Verhältnisse zutreffen. Unverändert blieb, daß die Gedanken und Überlegungen aus der schweizerischen Situation heraus entstanden sind und sich auf diese beziehen, auch wenn sie durchaus auf andere Verhältnisse übertragen werden können.

Und der zweite Gedanke, der mir gekommen ist: Inhaltlich kann ich noch jede Aussage unterschreiben. Die Entwicklung der letzten Jahre hat sogar noch deutlicher gemacht, daß die Delegation der weiblich definierten Wertvorstellungen an die Frauen und ihre Abdrängung in die Ohnmacht der «Frauenwelt» tödlich ausgehen wird. Jedenfalls wenn sich diese Entwicklung so fortsetzt. So sehr ich heute überzeugt bin, daß wir dieser tödlichen Entwicklung mit neuen Formen begegnen müssen, so sehr bin ich auf der anderen Seite auch froh darüber, die Gedanken und Überlegungen dazu vor drei Jahren in dieser Form festgehalten zu haben. Wenn es uns überhaupt noch gelingt, die tödliche Entwicklung aufzuhalten, einen neuen Weg einzuschlagen, so geht das nur durch eine rasch wachsende Zahl von Menschen, die sich der Tödlichkeit dieser Entwicklung bewußt werden. Auch wenn dies zunächst über den Weg der sogenannten «Sachlichkeit» geschieht. Vielleicht wird es dann auch zum Reiseanfang.

Bern, Ende Juni 1983

1 Frauenwelt und Männerwelt

Lange habe ich mir überlegt, ob ich die Begriffe «Frauenwelt» und «Männerwelt» verwenden soll. Die Schwierigkeit liegt darin, daß die Männerwelt nicht nur aus Männern, sondern auch aus Frauen besteht und daß die Frauenwelt nicht nur aus Frauen, sondern auch aus wenigen Männern besteht. Das könnte im folgenden zu Verwirrungen führen. Solche Verwirrungen ließen sich vermeiden, wenn ich zum Beispiel die Begriffe «Wertsystem A» und «Wertsystem B» verwenden würde oder so etwas Ähnliches. Schließlich habe ich mich aber entschlossen, trotzdem die Begriffe «Frauenwelt» und «Männerwelt» zu verwenden, und zwar aus zwei Gründen:

Erstens stimmt es nun einfach, daß die beiden Wertvorstellungen vor allem den beiden Geschlechtern zugeordnet werden, auch wenn sie nicht alle Leute den Wertvorstellungen desjenigen Geschlechts unterordnen, in welches sie hineingeboren worden sind. Warum das verleugnen wollen? Ich werde versuchen müssen, die so entstehende Begriffsverwirrung möglichst klein zu halten.

Und zweitens ist es ein ganz klares Bekenntnis zu den lebensfreundlichen Wertvorstellungen, die der «Frauenwelt» delegiert worden sind: Würde ich diesen Ausdruck vermeiden, so versuchte ich damit einzig zu erreichen, daß dieses Wertsystem von der Leserin und vor allem vom Leser nicht von vornherein als «Frauensache» abgewertet wird. Aber genau dazu bin ich heute nicht mehr bereit. Allzulange habe ich mich zur Männerwelt zugehörig gefühlt, und zwar einzig und allein deshalb, weil ich unbewußt erfaßt hatte, daß Weibliches als minderwertig gilt, und weil ich begreiflicherweise nicht minderwertig sein wollte.

Was die Männer den Frauen delegiert haben

Frauen haben im Unterschied zu Männern eine «mehr geistige, moralische, kulturelle und erzieherische Rolle» und ein «zutiefst menschliches Anliegen, sich für den Menschen, für den Schutz seines Wertes und seiner Würde einzusetzen». So äußerte sich ein Botschafter im Namen des schweizerischen Bundesrates zum Thema «Frauen»*. Eigentlich ist diese Feststellung gar nicht so weit vom sogenannten gesunden Volksempfinden weg.

Dieses sagt, Frauen sind eher passiv, Männer eher aktiv. Frauen geben Wärme, Geborgenheit, sie strahlen etwas aus, sie sind etwas. Männer sind nicht nur etwas, sie tun etwas, sie schaffen Neues. Männer dürfen durchaus ein wenig aggressiv sein, sie sind es ja, die die Welt umtreiben. Sie sind kreativ, prägen unsere Kultur in jeder Hinsicht, betreiben Wissenschaft, machen Geschäfte, verwalten und leiten die diversen Staatswesen, die sie geschaffen haben, alles Dinge, für die sie sehr viel Verstand brauchen. Deshalb seien Männer auch mehr vom Verstand und Frauen seien mehr vom Gefühl bestimmt, sagt das gesunde Volksempfinden. Bei Frauen sind wir Aggressivität nicht gewohnt. Sie verkörpern jene Eigenschaften, die die Männer zwar gerne in Anspruch nehmen und schätzen, die sie aber in der großen, vom Verstand bestimmten Welt draußen nicht gut brauchen können. Frauen verkörpern Verständnis, Einfühlsamkeit, Fürsorglichkeit, Zärtlichkeit, Auf-die-Mitmenschen-eingestellt-Sein. Zum Glück seien Frauen und Männer so verschieden veranlagt, meint das gesunde Volksempfinden: Wer in der vom Verstand bestimmten Welt draußen steht, muß seinen Mann stehen, und da haben oft Gefühle nicht viel zu suchen. Aber der Mensch kann nicht ohne Gefühle leben, ohne die Gefühle hätten wir ein recht armes Dasein, und die Frauen bewahren uns davor. Sie sind die Garantinnen dafür, daß Fürsorglichkeit, mitmenschliches Verständnis und Zärtlichkeit ihren Platz in dieser Welt behalten.

Allerdings stellen wir alle, Frauen und Männer, heimlich und im stillen Kämmerlein manchmal fest, daß auch Männern Fürsorglichkeit, Einfühlsamkeit oder Zärtlichkeit nicht unbedingt fremd sein müssen. Also ist da doch irgend etwas vorhanden. Aber eben nur im stillen Kämmerlein. Männer können das doch nicht zeigen ... oder was würden wir dazu sagen, wenn wir einen Politiker in der Öffentlichkeit weinen sähen?

---

* Offizielle schweizerische Erklärung auf der Weltkonferenz der UNO zum Jahr der Frau (1975).

Natürlich gibt es Männer, denen es häufiger einmal danach zumute wäre, Gefühle zu zeigen, und andere, bei denen dies seltener vorkommt. Diejenigen Männer, die dann wirklich einmal zu ihrer eigenen Gefühlswelt vorstoßen möchten, stellen häufig fest, daß sie den Zugang gar nicht so leicht finden. Das liegt vor allem daran, daß die Männer das ganze Gefühlsleben irgendwann einmal in grauen Vorzeiten gesamthaft den Frauen delegiert haben. Und mit grauer Vorzeit meine ich nicht nur die historische Entwicklung, sondern auch die Entwicklung der einzelnen Menschen. Bekanntlich fängt das ja schon sehr früh im Leben der Kinder an, daß den Knaben das Weinen verübelt wird. Ein Bub weint doch nicht! ..., und ein Politiker weint dann eben auch nicht mehr. Die Männer haben nicht nur ganze Bündel von Eigenschaften den Frauen delegiert, sondern die Frauen haben dabei mitgemacht und sind heute für diese Eigenschaften auch besonders verantwortlich. Übrigens, ob die Frauen wollen oder nicht: wir alle, Frauen und Männer, würden in einer Welt ohne mitmenschliches Verständnis, Fürsorglichkeit und Zärtlichkeit kaum überleben können. Irgend jemand muß sich also um diese Dinge kümmern.

Bleibt noch zu erwähnen, daß «delegieren» natürlich ein unpassendes Wort ist, denn in dem gutverschnürten Paket, das die Männer den Frauen delegiert haben, befinden sich lauter Eigenschaften, die als weiblich gelten. Und zwar werden sie sowohl von Frauen wie von Männern als weiblich empfunden, als von der Natur so vorgegeben.

Frauen gelten als vom Gefühl bestimmt, verständnisvoll, einfühlsam, fürsorglich, zärtlich, auf die Mitmenschen eingestellt. Männer gelten als vom Verstand bestimmt. Sie erwarten, daß sie Gefühlsbetontheit, Verständnis, Fürsorglichkeit, Zärtlichkeit bei den Frauen finden. Einige Männer glauben, daß sie diese Eigenschaften selbst nicht entwickeln können, andere glauben, daß sie sie nicht entwickeln müssen. Männer haben diese Eigenschaften als weiblich definiert und haben sie den Frauen delegiert. Frauen haben sie ebenfalls als weiblich definiert und haben sie sich delegieren lassen. Damit wurde der Grundstein für die Frauenwelt gelegt.

Privat und nichtprivat

Alles, was nicht öffentlich gezeigt werden soll, und alles, was eigentlich nicht zu Männern paßt, gehört ins Privatleben. Die vom Gefühl bestimmten Eigenschaften versuchen wir alle eher im Privatbereich auszuleben. In den eigenen vier Wänden, wo uns niemand auf die Finger schaut, können wir uns sogar einmal gehenlassen, was immer das für die einzelnen bedeuten mag.

Mit Frauenwelt habe ich den Bereich der weiblich definierten Eigenschaften umschrieben. Wenn also Gefühl, Verständnis, Fürsorglichkeit, Mitmenschlichkeit, Zärtlichkeit vor allem im Privatleben stattfinden, so heißt dies, daß Frauenwelt und Privatleben dasselbe bedeuten. Die Frauenwelt ist das Privatleben.

Die Männerwelt ist das Berufsleben, Staat, Verwaltung, Wirtschaft, Kultur und Öffentlichkeit überhaupt. Eigentlich müßten wir die Männerwelt durch das definieren, was sie nicht ist: Die Männerwelt umfaßt alles außerhalb des Privatlebens, sie ist das nichtprivate Leben. Oder wir können es auch noch einfacher formulieren: Die Männerwelt ist draußen, die Frauenwelt ist drinnen.

Wir haben bereits die erste Verwirrung: Auch Frauen sind doch berufstätig, arbeiten in der Verwaltung, in der Wirtschaft oder stehen im öffentlichen Leben – gehört das nun alles zur Männerwelt? Unter den Begriffen «Frauenwelt» und «Männerwelt» verstehe ich nicht Bereiche, in denen nur Frauen oder nur Männer leben, sondern es sind damit zwei verschiedene Wertsysteme gemeint. Natürlich gibt es in der Frauenwelt, also im Privatbereich, auch Männer. Zum Teil sind es Männer, die sich einfach zur Erholung in den Privatbereich zurückziehen, es gibt aber auch Männer, die recht viel zu seiner Gestaltung beitragen. Das Wertsystem, das hier mit dem Begriff «Frauenwelt» umschrieben ist, wird also durchaus auch von Männern getragen und repräsentiert, selbst wenn es relativ wenige sind. Viel häufiger gibt es das Umgekehrte, nämlich Frauen in der Männerwelt, also im Erwerbsleben, in der Öffentlichkeit, im nichtprivaten Leben. Das Wertsystem, das hier mit «Männerwelt» umschrieben ist, wird also durchaus von Frauen mitgetragen und repräsentiert.

Aber die beiden Wertsysteme haben ganz verschiedene Inhalte. Wer hätte nicht schon die Spannung erlebt, die es zwischen draußen und drinnen gibt. Da steht Streß draußen gegen Erholung drinnen. Oder es steht Konkurrenzdenken draußen gegen Zusammengehörigkeitsgefühl drinnen. Draußen müssen wir eine Fassade haben, die sich in Make-up oder Krawatte ausdrücken kann, drinnen leisten wir uns Bequemlichkeit und lassen die Fassade fallen. Und je mehr wir – ob wir wollen oder nicht – die weiblich definierten Eigenschaften im Privatbereich ausleben, desto größer wird eigentlich der Gegensatz und die Spannung zwischen drinnen und draußen: Wenn ich denke «... das Erwerbsleben ist halt nun einmal hart, da werde ich nichts daran ändern können, aber am Feierabend habe ich dann ja meine Familie, meinen Freund, meine Freundin», dann versuche ich mit der Zeit schon gar nicht mehr, draußen etwas von dem zu finden, das ich eigentlich nur noch drinnen erwarte. Und damit wird die Gegensätzlichkeit zwischen dem Wertsystem Frauenwelt und dem Wertsystem Männerwelt immer größer. Das ist übrigens nur eine Feststellung und keineswegs etwa ein Vorwurf: Viele von uns haben ja gar keine Möglichkeit, anders zu überlegen.

Die Frauenwelt spielt sich im Privatleben ab, die Männerwelt ist das nichtprivate Leben. Die Eigenschaften, die den Frauen delegiert worden sind, versuchen wir deshalb im Privatbereich auszuleben. Die Wertvorstellungen und Eigenschaften, die nicht den Frauen delegiert worden sind – Geist, Verstand, Technik, Rentabilität, Programmvorstellungen –, prägen den nichtprivaten Bereich, nämlich Erwerbsleben, Wirtschaft, Staat, Wissenschaft, weitgehend die ganze Kultur. Frauenwelt ist drinnen, Männerwelt ist draußen.

Unwirtschaftlich und wirtschaftlich

Frauenwelt und Männerwelt unterscheiden sich aber noch durch weit mehr. Einen ganz wichtigen Unterschied gibt es im Zusammenhang mit der Wirtschaftlichkeit. Die Frauenwelt, also das Privatleben innerhalb der eigenen vier Wände, kann sich wirtschaftlich nicht selbst erhalten. Darum muß ja auch mindestens ein Mitglied jeder Hausgemeinschaft hinaus in die Männerwelt, um für den Broterwerb zu sorgen. Und wenn diese Person pensioniert worden ist, dann wird die Versorgung von außen noch deutlicher, indem im Normalfall die monatlichen Leistungen der Altersvorsorge ins Haus kommen, ein ständiger Geldfluß von der Männerwelt in die Frauenwelt.

Daß sich die Frauenwelt wirtschaftlich nicht selbst trägt, ist ein zentrales Merkmal für den Privatbereich, und es wirkt sich auch entscheidend auf die Eigenschaften aus, die als weiblich definiert worden sind. Sachwissen, Ausbildung, Erfahrung auf einem bestimmten Gebiet, dies alles ist käuflich und damit geldwert. Die Männerwelt ist geradezu durch den Handel mit Waren, Fähigkeiten und Arbeitskraft definiert. Die einfachste Form des Handels mit männlich definierten Eigenschaften besteht im Anbieten von Arbeitskraft, wofür als Gegenleistung ein Lohn bezahlt wird. Und daß alle männlich definierten Eigenschaften wirklich geldwert sind, zeigt sich in diesem Lohn, der um so höher ist, je mehr solche Eigenschaften die betreffende Person mitbringt. Weiblich definierte Eigenschaften sind nicht geldwert, sie sind unwirtschaftlich. Geborgenheit, Mitmenschlichkeit, Zärtlichkeit, all das kann nicht gekauft werden. Zwar lassen sich in Heimen oder Begegnungszentren durch finanzielle Mittel möglichst gute personelle und räumliche Bedingungen für das möglichst gute Gedeihen solcher Wertvorstellungen schaffen. Aber damit ist die Atmosphäre der Geborgenheit und Mitmenschlichkeit noch nicht garantiert. Genau wie in den privaten vier Wänden müssen auch in diesen Institutionen die weiblich definierten Wertvorstellungen erst noch hineingetragen werden, und das läßt sich weder erzwingen noch kaufen.

Das beste Beispiel dafür, daß weiblich definierte Werte gar nicht geldwert sein können, ist die karitative Tätigkeit von Frauen. Durch karitative Tätigkeit von Frauen gelangen weiblich definierte Wertvorstellungen aus der heilen Frauenwelt heraus in die unheile Männerwelt. Frauen bringen ein wenig Mitmenschlichkeit in die Elendsviertel, weil es dort Menschen gibt, die in der wirtschaftlichen und profitorientierten Männerwelt unter die Räder gekommen sind. Viele Leute vertreten die Meinung, diese karitative Tätigkeit von Frauen wäre nur halb so wertvoll, wenn es bezahlte Arbeit wäre. Andere wiederum sagen, die viele Kleinarbeit, die in karitativer Tätigkeit geleistet werde, könne ja gar nicht bezahlt werden. Beide Meinungen widerspiegeln aber die Tatsache, daß weiblich definierte Eigenschaften nicht geldwert sein können, das heißt nicht geldwert sein dürfen, wenn sie wirklich «weiblich» sein sollen.

Die Frauenwelt muß nicht rentieren, sie wird wirtschaftlich von außen her, von der Männerwelt versorgt. Das ist einer der Gründe, warum die Männerwelt rentieren muß: Es muß auch noch für «Frau und Kind» gesorgt sein. Weiblich definierte Eigenschaften und Tätigkeiten sind nicht geldwert, sie sind unbezahlbar. Wenn Mitmenschlichkeit aus der Frauenwelt hinaus in die Männerwelt getragen wird, so geschieht dies in karitativer Tätigkeit, also nicht geldwert. Weiblich definierte Wertvorstellungen sind zusätzlich noch als unwirtschaftlich definiert. Frauenwelt heißt unwirtschaftlich, Männerwelt heißt wirtschaftlich.

Lebensfreundlich und lebensfeindlich

Ein weiterer Unterschied zwischen der Frauenwelt und der Männerwelt besteht nun aber im Verhältnis dieser beiden Welten zur Natur, das heißt, einerseits zur Umwelt und andererseits zum Menschen.

Die Natur läßt sich nicht programmieren. Sie ist vielfältig, reich an verschiedenen Erscheinungsformen, überschwenglich, es entsteht immer wieder Neues und anderes. Natürlich überwuchert das Neue und andere manchmal das Bisherige, Leben verschwindet also auch, es herrscht eine ständige, unvorhersehbare Veränderung. Ein Beispiel für diese ständige, unvorhersehbare Veränderung sind kleine Kinder, die sich im Säuglingsalter ja wöchentlich oder fast täglich verändern und Neues entdecken. Aber auch die ganze Pflanzen- und Tierwelt läßt sich nicht programmieren.

Kinder haben bekanntlich in der Männerwelt keinen Platz. Das Erwerbsleben nimmt keine Rücksicht auf sie, aber auch der Straßenverkehr nimmt keine Rücksicht auf sie. Kinder gehören in die Frauenwelt, wenn sie klein sind, gänzlich, und wenn sie größer werden, können sie erst mit zunehmendem Verstand in die Männerwelt hinausgelassen werden. Die Kinder brauchen solange einen lebensfreundlichen Schutz, bis sie stark genug sind, um nach und nach ein Gebiet der Männerwelt nach dem andern betreten zu können, ohne in dieser an sich lebensfeindlichen Welt unterzugehen. Zuerst gehen sie mit der Mutter Einkäufe machen, später gehen sie allein auf die Straße. Der Kindergarten hat noch sehr stark Frauenwelt-Charakter, und erst mit der eigentlichen Schule kommt der «Ernst der Männerwelt» daher. Nach der beruflichen Ausbildung und mit dem Eintritt ins Erwerbsleben ist die Männerwelt dann ganz erobert.

Ein weiteres Beispiel für die Lebensfeindlichkeit der Männerwelt ist die verbetonierte Landschaft. Die Männerwelt prägt, kreiert, baut, verwirklicht ihre Pläne, macht sich die Erde untertan. Sie beutet die Natur aus, ohne auf die Regenerierungsfähigkeit dieser Natur selbst Rücksicht zu nehmen, und für eine möglichst rasche und ertragreiche Ausbeutung nimmt sie die raffiniertesten Technologien zu Hilfe. Mit ebenso raffinierten Computerprogrammen muß sie dann berechnen, ob nicht wohl bald die Grenzen dieser Ausbeutung erreicht seien.

Sehr deutlich wird der Gegensatz auch für jene Leute, die im Erwerbsleben großen Belastungen ausgesetzt sind und die sich dann im Privatleben von diesen Belastungen zu erholen suchen. Beim heutigen Streß des Erwerbslebens sind das nicht wenige. Nicht nur der Manager wird durch seine Aufgabe und die Identifikation mit seinem Unternehmen so ausgelaugt, daß er zu Hause nur noch der Erholung bedarf und seiner Familie nichts mehr geben kann. Es gibt auch den stillen Rosenzüchter, der die Eintönigkeit seiner Büroarbeit nur deshalb erträgt, weil er sich dieses naturverbundene Hobby zugelegt hat. Die Menschen, die im Erwerbsleben unbefriedigt bleiben, weil die Männerwelt nicht von der Natur des Menschen und seinen Bedürfnissen ausgeht, suchen Mitmenschlichkeit, Rücksichtnahme, Naturverbundenheit im Privatbereich, also in der Frauenwelt.

In der Männerwelt ist alles machbar. Menschen und Natur haben sich programmatischen Zielsetzungen unterzuordnen. Wirtschaftlichkeitsüberlegungen bestimmen, ob und inwieweit die Natur ausgebeutet wird, wieviel und welche

Kräfte der Menschen eingesetzt werden müssen. Es wird auf die Menschen und auf die Natur keine Rücksicht genommen. Die Frauenwelt hingegen ist auf die Bedürfnisse der Menschen und der Natur ausgerichtet. Kinder, Kranke und Betagte haben in der Frauenwelt Platz. Die Frauenwelt hat sogar definitionsgemäß die Aufgabe, den durch die Männerwelt geschundenen Menschen eine Atmosphäre zu bieten, die ihnen die Regenerierung ermöglicht. Die Frauenwelt paßt sich der Natur an, die Männerwelt hat die Tendenz, sich der Natur entgegenzustellen.

Frauenwelt und Männerwelt brauchen einander

Die Männerwelt könnte im Erwerbsleben die Menschen nicht in der Weise in Anspruch nehmen, wie es heute zum Teil der Fall ist, wenn sie nicht davon ausgehen könnte, daß sich diese Menschen in ihren privaten vier Wänden wieder regenerieren. Wir können es aber auch ganz allgemein sagen: Wären gewisse Wertvorstellungen und Eigenschaften nicht als weiblich definiert und den Frauen delegiert worden und würde die Frauenwelt sie nicht getreulich verwalten und bewahren, so könnte die Männerwelt sie gar nicht so vernachlässigen. Denn eine Welt ohne mitmenschliches Verständnis, ohne Fürsorglichkeit, ohne Zärtlichkeit, ohne Gefühlsbetontheit, ohne Rücksichtnahme auf die Natur der Menschen wäre für uns alle unerträglich. Die Regenerierung im Privatbereich hat auch eine ganz praktische Seite, nämlich die Versorgung der Männerwelt-Personen mit Hausarbeit, die «häusliche Versorgung».

Aber auch das Umgekehrte gilt: Würde die Frauenwelt nicht von der Männerwelt finanziell versorgt, so wäre sie nicht in der Lage, sich so ausschließlich um die weiblich definierten Wertvorstellungen und die häusliche Versorgung zu kümmern. Eigentlich ist es ein Geben und Nehmen: von jeder Hausgemeinschaft tritt mindestens eine Person aus dem Privatleben ins Erwerbsleben und sorgt für den Geldstrom aus der Männerwelt in die Frauenwelt. Leute, die in der Männerwelt draußen stehen, können in der Frauenwelt auftanken und sich häuslich versorgen lassen, damit sie wiederum

Kreativität und Schaffenskraft zur Verfügung haben. Auf diese Weise besteht zwischen den beiden Welten gleichsam eine stillschweigende Vereinbarung über Leistung und Gegenleistung. Und wenn ich nochmals auf das gesunde Volksempfinden zurückkommen darf: Es geht davon aus, daß Leistung und Gegenleistung eigentlich in einem gleichwertigen Verhältnis zueinander stehen.

Gäbe es keine Frauenwelt, könnte die Männerwelt nicht in derartiger Reinkultur existieren. Gäbe es nicht die Möglichkeit, im Privatleben wieder diejenigen Werte aufzutanken, die der Frauenwelt delegiert worden sind, und sich häuslich versorgen zu lassen, so wäre in der harten Männerwelt draußen nicht eine so ausgeprägte Kreativität und Schaffenskraft zu finden. Und ohne die Männerwelt könnte die Frauenwelt in derartiger Reinkultur ebenfalls nicht existieren. Wenn sie nicht durch die Männerwelt in der Versorgung mit dem zum Leben Notwendigen abgesichert wäre, so könnte drinnen im Privatbereich nicht die ganze Lebensenergie zur häuslichen Versorgung und zur Schaffung der Geborgenheit und Privatatmosphäre eingesetzt werden, die zum Auftanken nötig ist.

2 Frauen in zwei Lagern

Im ersten Kapitel sind die allgemein gängigen Vorstellungen über die Eigenart von Frau und Mann zusammengefaßt worden. In diesem zweiten Kapitel soll nun gezeigt werden, wie wir unser Zusammenleben und insbesondere die Arbeitsteilung zwischen Frauen und Männern organisiert haben. Es wird die Frage gestellt, inwiefern diese Organisation mit den im ersten Kapitel umschriebenen Vorstellungen übereinstimmt.

Zugang zur Männerwelt – Zugang zur Frauenwelt

Sowohl zur Frauenwelt als auch zur Männerwelt gehören Frauen und Männer. Das Berufsleben, das öffentliche Leben, Staat, Wirtschaft und Kultur ganz allgemein werden auch von Frauen repräsentiert. Und den Privatbereich repräsentieren auch einige Männer. Es stellt sich also die Frage, durch welche Vorgänge wir, Frauen und Männer, zur einen Welt oder zur anderen stoßen, wie wir zu Repräsentantinnen oder Repräsentanten einer der beiden Welten werden.

Suchen wir zuerst für die Männerwelt nach einer Antwort auf diese Frage. Der Weg in die Männerwelt ergibt sich von selbst, nämlich dadurch, daß eine Person für sich selbst aufkommt und deshalb nach «draußen» muß. Übrigens gehören auch Arbeitslose zur Männerwelt, weil sie einen Arbeitsplatz suchen. Arbeitslose Frauen und Männer müssen volkswirtschaftlich berücksichtigt werden, sie sind ein Wirtschaftsfaktor. Diese Feststellung ist deshalb wichtig, weil sie ein Abgrenzungsmerkmal zur Frauenwelt darstellt.

Es läßt sich somit sagen, daß der Zugang zur Männerwelt sehr frei ist. Jede Frau und jeder Mann, die sich entschließen, erwerbstätig zu sein, werden zu Repräsentantinnen und Repräsentanten der Männerwelt. Auf welche Weise können wir nun aber dasselbe für die Frauenwelt werden?

Wir haben die Frauenwelt im letzten Kapitel mit verschiedenen

Merkmalen umschrieben. Was die Zugehörigkeit anbetrifft, heißen die entscheidenden Merkmale «privat» und «unwirtschaftlich». Ihre typischen Repräsentantinnen und ihre wenigen Repräsentanten bleiben im Privatbereich und müssen also wirtschaftlich von außen versorgt werden. Damit sind wir beim ganz entscheidenden Unterschied: Weil die Frauenwelt im privaten Bereich stattfindet und weil sie wirtschaftlich von außen versorgt wird, ist diese wirtschaftliche Versorgung für jeden individuellen Einzelfall separat geregelt. Eine Person kann deshalb nur dann ganz zur Frauenwelt gehören, wenn sie sich individuell mit einer Person verbindet, die der Männerwelt angehört, und somit die individuelle wirtschaftliche Versorgung übernehmen kann. Es kann übrigens auch sein, daß sich die Frauenwelt-Person wirtschaftlich mit mehreren Männerwelt-Personen verbindet: Wenn drei unverheiratete Schwestern zusammenleben, so kann eine dieser drei Frauen den Haushalt besorgen, während die beiden andern erwerbstätig sind. Während somit die Zugehörigkeit zur Männerwelt auf freiem Entscheid einer einzelnen Person beruhen kann, braucht es immer den Willensentscheid von mindestens zwei Personen, damit eine Person ganz zur Repräsentantin der Frauenwelt wird. Eine Situation, deren Weiterbestehen den Willen von zwei oder mehreren Personen erfordert, ist immer weniger sicher als eine Situation, die nur auf dem Willen einer einzigen Person beruht. Deshalb kommt es praktisch nicht vor, daß eine Person unfreiwillig aus der Männerwelt ausscheidet, hingegen gibt es ein unfreiwilliges Ausscheiden aus der Frauenwelt, dann nämlich, wenn die Partnerperson die wirtschaftliche Versorgung nicht mehr garantieren kann oder will.

Diese Situation hat zur Folge, daß Personen, die ganz zur Frauenwelt gehören, notgedrungen in eine wirtschaftliche Abhängigkeit von Partnerpersonen geraten. Vollständige Zugehörigkeit zur Frauenwelt bedeutet immer und in jedem Fall wirtschaftliche Abhängigkeit von «außen».

Zur Männerwelt kann jede Person aus eigenem freiem Willen gehören, zum Beispiel bereits dadurch, daß sie sich entschließt, erwerbstätig zu sein. Ganz zur Frauenwelt kann eine Person nur dann gehören, wenn sie sich individuell mit mindestens einer Person der Männerwelt zusammen-

schließt, denn die Frauenwelt findet im Privatleben statt, und die wirtschaftliche Versorgung der Frauenwelt geschieht individuell in jedem Einzelfall. Es ist deshalb immer der Willensentscheid von mindestens zwei Personen nötig, damit eine Person ganz zur Frauenwelt gehören kann.

Frauen in der Männerwelt

Wenn wir uns nun aber fragen, ob Frauen oder Männer effektive Repräsentantinnen oder Repräsentanten der beiden Welten sind, so zeigt sich folgendes: Männer sind fast ausnahmslos der Männerwelt zugehörig. Oder ruft der Begriff «Hausmann» nicht unwillkürlich ein Lächeln hervor? Und zwar gehören Männer ganz unabhängig von ihrem Zivilstand zur Männerwelt. Der Familienvater, der für «Weib und Kind» zu sorgen hat, ist der Normalfall, den wir uns so gemeinhin vorstellen. Aber auch der Junggeselle, der nur für sich selbst aufkommt, gehört vorwiegend zur Männerwelt. Männer, die ausschließlich Repräsentanten der Frauenwelt sind, gibt es nur sehr wenige. Diese wenigen sind effektiv Hausmänner, also Männer, für deren wirtschaftliche Versorgung eine der Männerwelt zugehörige Person verantwortlich ist.

Für die Frauenwelt hat das zur Folge, daß sie fast ausschließlich durch Frauen repräsentiert wird. Aber es können nur diejenigen Frauen ganz Repräsentantinnen der Frauenwelt sein, die eine Partnerperson haben, und nur, wenn und solange die wirtschaftliche Versorgung durch diese Partnerperson sichergestellt werden kann und will. Dies hat zur Folge, daß Frauen in zwei Gruppen geteilt sind: Eine Gruppe von Frauen repräsentiert die Frauenwelt, die andere repräsentiert die Männerwelt. Beide Gruppen bestehen jedoch nicht immer aus denselben Frauen, denn da gibt es ein ständiges Hin und Her: Nach der Ausbildung treten fast alle jungen Frauen einmal ins Erwerbsleben ein, werden also zu Repräsentantinnen der Männerwelt. Einige treten aus dem Erwerbsleben bereits dann wieder aus, wenn sie heiraten. Andere bleiben noch teilweise im Beruf, wenn sie Kleinkinder haben, und wieder andere geben bei der ersten Geburt die Erwerbstätigkeit ganz auf. Es gibt Frauen, die den Beruf wieder aufnehmen, wenn es sich herausstellt, daß sie keine Kinder bekommen können. Schließlich ist eine ganze Anzahl von Frauen gezwungen, den Beruf wieder aufzunehmen, weil die Ehe scheitert, weil der Mann zuwenig verdient oder weil sie durch die Isolation in den vier privaten Wänden psychisch zu sehr belastet sind. Wieder andere Frauen treten ins Erwerbsleben ein, wenn die Kinder größer geworden sind. Andere sind genau dann in der Lage, die Erwerbstätigkeit aufzugeben, wenn sich der Mann vielleicht inzwischen finanziell so hat verbessern können, daß sein Verdienst für die bereits wieder kleiner werdende Familie ausreicht. Im selben Alter kommen aber wieder diejenigen Frauen ins Erwerbsleben zurück, deren Ehe erst nach der Kinderphase definitiv auseinandergebrochen ist, ein nicht seltener Zeitpunkt für Vernunft-Scheidungen. Mit anderen Worten: Der Zivilstand spielt bei Frauen eine ganz entscheidende Rolle.

Daß Männer fast ausnahmslos zur Männerwelt gehören und daß Frauen in zwei Gruppen geteilt sind, beginnt schon im kleinsten Kindesalter eine Rolle zu spielen. Knaben werden nicht erst in der Schule, sondern schon viel früher eingleisig und klar auf ihre spätere Funktion vorbereitet. Es werden ihnen männlich definierte Eigenschaften anerzogen, und es werden männlich definierte Wertvorstellungen in ihnen gefördert, Verstand, Härte, auch Härte mit sich selbst, dem Leistungsdruck standhalten können etc. Ihre Zukunft ist das Erwerbsleben, Wirtschaft, Staat, Rentabilität, Kreieren, Bauen, kurz, die Welt in die Finger nehmen und wissen wie.

Die Erziehung der Mädchen ist zweigleisig und manchmal sogar ein wenig widersprüchlich. Das kann unter diesen Umständen gar nicht anders sein. Mädchen müssen nämlich auf beide Welten vorbereitet werden, denn es ist völlig offen, zu welcher der beiden Gruppen sie gehören werden, oder ob vielleicht sogar gleichzeitig zu beiden. Also sollten Mädchen in der Schule etwas leisten, aber es ist dennoch nicht so wichtig wie bei den Knaben. Und Mädchen sollten eigentlich auch diszipliniert und hart sein können mit sich, aber wenn sie es nicht können, dann macht es nicht soviel: Es sind ja schließlich nur Mädchen. Sie erhalten dafür etwas Hauswirtschaftsunterricht, im Hinblick auf die Frauenwelt. Dies sind aber nur die äußeren Unterschiede. Auch die Wertmaßstäbe, die den Mädchen mit auf den Weg gegeben werden, können recht widersprüchlich sein. Auf der einen Seite sollen sie etwas auf ihr Äußeres geben – dies hat direkt damit zu tun, daß sie nur werden zur Frauenwelt gehören können, wenn sie «einen Mann finden». Das ist übrigens auch der Grund, warum Mädchen zur Unsolidarität erzogen werden: Während Männer ihr Ansehen immer durch die eigene Person gewinnen, funktioniert das Gewinnen von Ansehen für Frauen in erster Linie so, daß sie sich mit einem Mann verbinden, der möglichst viel Ansehen hat oder zu gewinnen verspricht, und erst in zweiter Linie dadurch, daß sie durch die eigene Person Ansehen gewinnen ... und der Konkurrenzkampf im Finden von Männern ist der Solidarität nicht unbedingt förderlich. Auf der andern Seite sollen sie trotzdem einen guten Beruf lernen, wenn sie etwas aufgeschlossene Eltern haben ... dies aber nur «für alle Fälle», das heißt, falls aus der Frauenwelt nichts wird. Das ist in sich schon widersprüchlich und widerspiegelt ganz einfach die Unsicherheit über die spätere Zugehörigkeit.

In diesem Zusammenhang gibt es keine «Dritte» Welt. Wird eine Person nicht oder nicht vollumfänglich von einer Männerwelt-Person versorgt, so gehört sie notgedrungen selbst zur Männerwelt, das heißt, sie muß für ihren eigenen Unterhalt ganz oder teilweise selbst aufkommen und muß deshalb ins Erwerbsleben, ob ihr dies nun Freude macht oder nicht.

Frauen gehören teils zur Frauenwelt und teils zur Männerwelt, sie pendeln hin und her. In der Jugend werden sie deshalb zweigleisig auf beide Welten ein wenig vorbereitet. Sie wissen nämlich nie, ob überhaupt und wenn ja, für wie lange sie sich wirtschaftlich von einem Mann werden abhängig machen können. Männer werden hingegen in der Jugend eingleisig auf die Männerwelt vorbereitet.

Die Firma Rütli & Co.: Ein Beispiel

Männer sind in der Regel vom Abschluß der Ausbildung bis zum Pensionierungsalter erwerbstätig. Bei den Frauen derselben Altersgruppen – also vom Abschluß der Ausbildung bis zum Pensionierungsalter – ist in der Schweiz durchschnittlich die Hälfte erwerbstätig und die Hälfte nicht erwerbstätig.* Das bedeutet, daß im Alter zwischen 18 und 62 Jahren die Gruppe von Frauen in der Männerwelt etwa gleich groß ist wie die Gruppe von Frauen in der Frauenwelt. Dies als Vorbemerkung, bevor wir die Situation der Frauen in der Männerwelt näher betrachten.

In der Firma Rütli & Co. ist die Stelle des Buchhaltungschefs frei geworden. Der bisherige Chefbuchhalter wurde pensioniert, er widmet sich jetzt ganz seinem Hobby, dem Rosenzüchten, und es ist ihm zu gönnen. Herr Vogt, der Personalchef, hat einige Mühe. In der Buchhaltungsabteilung sind gute Leute, er wird die Stelle deshalb nicht ausschreiben, sondern aus den eigenen Reihen besetzen. Zur Diskussion stehen vor allem Fräulein Schweizer und Herr Tell, beide ausgezeichnete Kräfte, KV-Ausbildung, beide seit bald sechs Jahren im Unternehmen. Fräulein Schweizer arbeitet etwas speditiver, Herr Tell etwas bedächtiger, beide äußerst zuverlässig. Wen wählen? Beide sind 27 Jahre alt, Herr Tell verheiratet und zwei Kinder. Ja eben, und bei Fräulein Schweizer ist es natürlich unsicher. Junge hübsche Frau, manchmal wird sie am Abend abgeholt, wird wohl bald weggeheiratet, und was dann?

Im Grunde genommen sieht Herr Vogt eher Fräulein Schweizer in der neuen Position. Sie hat eine raschere Auffassungsgabe, und im nächsten Jahr steht eine große Reorganisation der Buchhaltung bevor. Aber es ist einfach zu riskant. Plötzlich heiratet sie, hat Kinder, und weg ist sie. Also Vorschlag an die Direktion: Herr Tell ... Herr Tell freut sich, Fräulein Schweizer findet es selbstverständlich.

Vierzehn Jahre später, jährliches Betriebsfest bei Rütli & Co. Vor der allgemeinen Heiterkeit kurze festliche Ansprache: Direktor Gessler kann zwei langjährigen Angestellten zum zwanzigjährigen Jubiläum gratulieren. Herr Tell, Personalchef, war lange Zeit Chef der Buchhaltung und hat dann vor fünf Jahren Herrn Vogt abgelöst, als dieser in den Ruhestand

---

* Dies stimmt überein mit der Feststellung, daß die Gesamtheit der Erwerbstätigen etwa zu ⅓ aus Frauen und zu ⅔ aus Männern besteht (vgl. «Die Stellung der Frau in der Schweiz», Bericht der Eidg. Kommission für Frauenfragen, Teil I, Seite 50. Ich bezeichne diesen Bericht im folgenden mit «Frauenbericht»). In den Altersgruppen zwischen Abschluß der Ausbildung und Pensionierung gibt es ungefähr gleichviel Frauen und Männer, weil das frühere Pensionierungsalter der Frauen durch ihre kürzere Ausbildung etwa aufgewogen wird. Also sind von diesen Männern fast 100% und von diesen Frauen etwa 50% erwerbstätig.

trat. Herr Vogt züchtet übrigens nicht Rosen, er hat sich ein Segelschiff gekauft. Und dann eine Jubilarin, Frau Stauffacher – die langjährigen Mitarbeiterinnen und Mitarbeiter haben sie noch als Fräulein Schweizer gekannt. «Es ist doch schön, wenn ein Chef und seine Sekretärin gleichzeitig ein solches Jubiläum feiern können. So langjährige gute Zusammenarbeit!» Fräulein Schweizer war seinerzeit Sekretärin von Herrn Tell geworden, und als er die Personalabteilung übernahm, blieb sie es und wechselte die Abteilung mit ihm. Verheiratet ist sie seit 12 Jahren. Kinder? «Natürlich nicht, das wußten wir von Anfang an. Ich wollte doch nicht den Beruf aufgeben, und übrigens ginge es heute auch gar nicht mehr, seit ich mich habe operieren lassen müssen ...»

Daß Frauen zwischen der Frauenwelt und der Männerwelt hin- und herpendeln oder hin- und hergeschoben werden, schadet allen Frauen in der Männerwelt ganz enorm, und zwar auch denen, die ununterbrochen zur Männerwelt gehören. Das betrifft nicht nur die beruflichen Aufstiegschancen, es betrifft auch die Löhne, es betrifft den Zugang zu einem Arbeitsplatz überhaupt, und es betrifft sogar schon die ganze Ausbildung vor dem Einstieg ins Erwerbsleben.

Bei den Arbeiterinnen liegen die Frauenlöhne durchschnittlich 33%, bei den Angestellten 34% tiefer als die Männerlöhne[*]. Zum Teil ist das natürlich auf die durchschnittlich geringere Ausbildung der Frauen zurückzuführen und zum Teil auf ihre über das ganze Leben gerechnet durchschnittlich kürzere oder unterbrochene Anstellungsdauer. Aber vor allem liegt es daran, daß die Frauen in eine Gruppe von Frauen in der Frauenwelt und eine Gruppe von Frauen in der Männerwelt aufgespalten sind. Frauenlöhne sind nämlich gar nicht wirklich «Frauen-Löhne», sondern in Tat und Wahrheit sind es entweder «Fräulein-Löhne» oder «Zweitverdienerinnen-Löhne». Und Männerlöhne sind nicht «Männer-Löhne», sondern «Familienernährer-Löhne». Kann ich einmal mehr das gesunde Volksempfinden bemühen? Nach dem gesunden Volksempfinden gehören Frauen «normalerweise» zur Frauenwelt. In der Männerwelt, also vor allem im Erwerbsleben, sind sie nur «vorher» oder «nachher» oder «dazwischen», kurz gesagt «vorübergehend». Frauen sind immer «Gast-Arbeitnehmerinnen», auch wenn sie im

---

[*] Frauenbericht I, Seite 65.

Alter von 18 bis 62 Jahren ununterbrochen erwerbstätig sind, denn alle Frauen tragen einen unsichtbaren Stempel mit der Aufschrift «nur vorübergehend anwesend». Das gesunde Volksempfinden will es so, daß Frauen letztlich eben doch zur Frauenwelt gehören ... wo käme sonst die Pflege der weiblich definierten Wertvorstellungen hin? Und das hat dann zur Folge, daß eine alleinstehende Frau mit Familie einen «Fräulein-Lohn» erhält, während ein alleinstehender Junggeselle ohne Familie einen «Familienernährer-Lohn» erhält. Das System setzt sich eben über den Einzelfall hinweg.

Genau dasselbe läßt sich über den Zugang zu Arbeitsplätzen sagen: Frauen sind bekanntlich in Zeiten der Rezession stärker gefährdet als Männer, sie verlieren ihren Arbeitsplatz rascher und finden weniger schnell wieder einen neuen.* Ursache dafür ist ebenfalls die Teilung aller Frauen in die zwei Gruppen. Der unsichtbare Stempel «nur vorübergehend anwesend» macht es leicht, mit nicht allzu schlechtem Gewissen Frauen zu entlassen, selbst wenn es durchaus nicht nur vorübergehend anwesende Frauen sind. Frauenarbeitsplätze sind eben nicht wirklich «Frauen-Arbeitsplätze», sondern es sind in Tat und Wahrheit «Fräulein-Arbeitsplätze» oder «Zweitverdienerinnen-Arbeitsplätze». Und der alleinstehende Junggeselle sitzt eben trotz seiner individuellen Situation auf einem «Familienernährer-Arbeitsplatz», denn «Herrlein-Arbeitsplätze» gibt es nicht. Auch hier setzt sich das System über den Einzelfall hinweg.

Als letztes Beispiel die Ausbildung: Sie ist durchschnittlich bei Frauen auf allen Stufen geringer als diejenige der Männer**. Dies ist wiederum eine sehr direkte Folge der Teilung aller Frauen in zwei Gruppen und ihrer zweigleisigen Vorbereitung auf beide Welten. Als Illustration dazu der vielzitierte Satz «... es heiratet ja doch einmal.» Es – das Mädchen – braucht doch nicht unbedingt eine Berufslehre zu machen, eine Anlehre genügt auch. Oder es – das Mädchen – braucht doch nicht noch eine Mittelschule zu besuchen ... es heiratet ja doch einmal. Was bedeutet dieser Satz? Es wird ja doch einmal ganz zur Frauenwelt gehören, sich also in der Männer-

---

* Frauenbericht I, Seite 55 ff.
** Frauenbericht I, Seite 2 ff.

welt nicht behaupten müssen. Diese Feststellung stimmt nur sehr beschränkt. Das Fatale an der Geschichte liegt darin, daß dieser Satz nicht auf alle Mädchen nur ein wenig zutrifft, sondern er trifft auf einige effektiv ganz zu und auf andere gar nicht. Aber dann, wenn der Satz aktuell ist, weiß noch kein Mensch, welche Mädchen zu welcher Gruppe gehören werden. Dies zeigt sich nämlich erst, wenn der Ausbildungszug schon längst abgefahren ist. Die Frauen, die ganz zur Frauenwelt gehören, dienen jeweils als Beweis dafür, daß «Frauen» nur eine geringere Ausbildung brauchen, und die andern Frauen bleiben mit ihrer schlechteren Ausbildung in der Männerwelt hängen. Der Satz «... es heiratet ja doch einmal» ist nicht nur für jene Frauen verhängnisvoll, die nicht heiraten, sondern für alle, die sich irgendwann einmal in der Männerwelt behaupten müssen oder wollen. Es ist falsch, eine Heirat der automatischen Zugehörigkeit zur Frauenwelt gleichzusetzen, wie es dieser berühmte oder vielmehr berüchtigte Satz tut. Und auch hier noch eine letzte Feststellung: Frauen-Bildung ist nicht «Frauen-Ausbildung», sondern in Tat und Wahrheit ist sie auch noch heute «Fräulein-Ausbildung» oder «Zweitverdienerinnen-Ausbildung». Und Männer-Bildung ist immer «Familienernährer-Ausbildung».

Eigentlich ist die Schlußfolgerung ein wenig niederschmetternd. Sind nach den vorherigen Feststellungen alle Diskussionen, Aufrufe, Programme, Bemühungen und dergleichen für eine bessere Bildung, bessere berufliche Aufstiegschancen der Frauen, für gleichen Lohn bei gleichwertiger Arbeit und für einen gleichen Anspruch der Frauen auf einen Arbeitsplatz vergebliche Liebesmühe? Das nicht gerade, diese Bemühungen sind sicher alle äußerst nötig. Aber sie setzen bei der Wirkung der Krankheit und nicht bei ihren Ursachen an. Die Ursache liegt darin, daß Männer fast ausnahmslos zur Männerwelt gehören, während Frauen in zwei Gruppen geteilt sind. Und solange das so ist, werden alle Bemühungen für gleiche Bildung von Frauen und Männern, für gleiche berufliche Aufstiegschancen, für gleichen Lohn und für gleichen Zugang zu Arbeitsplätzen letztlich erfolglos bleiben.

Daß Frauen zu zwei Gruppen gehören, hat schwerwiegende Konsequenzen für sie. Theoretisch besteht nämlich jederzeit die Möglichkeit, daß Frauen von der Männerwelt in die

Frauenwelt hinüberwechseln. Und aus diesem Grunde trägt jede Frau in der Männerwelt einen Stempel, wonach sie nur vorübergehend zur Männerwelt gehört. Auch wenn für eine einzelne Frau aus freiem Willen ein Hinüberwechseln in die Frauenwelt nie in Frage kommen würde, kann sie in der Männerwelt nie dieselben Entfaltungsmöglichkeiten haben. Es wird deshalb keine Gleichstellung von Frauen und Männern im Erwerbsleben und im öffentlichen Leben überhaupt geben können, solange fast alle Männer zur Männerwelt gehören und solange die Frauen geteilt sind in eine Gruppe von Frauen in der Frauenwelt und eine Gruppe von Frauen in der Männerwelt.

Doppelbelastung

Es zeigt sich also, daß das Problem der Benachteiligung der Frauen ein ganz grundsätzliches ist, daß es letztlich in der Art und Weise begründet liegt, wie wir die Arbeitsteilung zwischen den Geschlechtern organisiert haben. Frauen pendeln zwischen der Frauenwelt und der Männerwelt hin und her, oder sie werden hin- und hergeschoben: Wenn wir einem Mäuschen in einem Käfig einmal auf der einen Seite des Käfigs ein Stück Speck hinstrecken und dann wieder auf der anderen Seite des Käfigs, so rennt das Mäuschen zwar schon von selbst hin und her, aber es hat gar keine andere Wahl. Der Speck auf der einen Seite des Käfigs ist für die Frauen ein Arbeitsplatz, der die Benachteiligung nur schon deshalb in sich trägt, weil ihn die Frau mit einer geringeren Ausbildung als die Männer antritt, weil sie für die Arbeit weniger Lohn erhält als die Männer, weil ihre beruflichen Aufstiegschancen viel geringer sind als die der Männer und weil sie den Arbeitsplatz in Zeiten der Rezession unbesehen wieder verlieren kann, während die Männer noch fest im Sattel sitzen. Der Speck auf der andern Seite des Käfigs ist ein Mann, der für die wirtschaftliche Versorgung der Frau aufkommt, so daß sie den benachteiligenden Arbeitsplatz verlassen kann. Aber auch das ist eine recht unsichere Sache: Der Mann kann zuwenig verdienen, so daß die Frau doch noch ins Erwerbsleben muß, oder der Mann kann seiner Unterhaltspflicht sonst nicht nachkommen, oder die Beziehung kann sich als so problematisch erweisen, daß sie auf Wunsch eines der beiden Partner wieder aufgelöst wird, oder der Mann kann sterben, ohne daß die finanzielle Vorsorge gesichert ist, oder die Frau hält es in der Isolation der eigenen vier Wände psychisch nicht aus, alles Umstände, die dazu führen, daß die Frau wieder einen Arbeitsplatz braucht ... deshalb rennt das Mäuschen hin und her, und mir scheint, es seien zwei schon recht ranzige Speckstücke, zwischen denen das Mäuschen hin- und herrennt. Aber was soll's? Wenn ein Mäuschen gar nicht weiß, wie gut der frische Speck riecht, dann rennt es eben auch zwischen dem ranzigen hin und her.

Diese Situation kann ganz verschieden interpretiert werden. Eine Variante lautet so: Männer beuten Frauen doppelt aus, indem sie sie in der Erwerbsarbeit für sich die untergeordneten und schlechtbezahlten Arbeiten machen lassen und indem sie sie zu Hause für sich die unbezahlte Hausarbeit machen lassen. Deshalb teilen die Männer bewußt die Frauen in die beiden Gruppen und schieben sie je nach Bedarf hin und her, und das hat dann noch die sehr praktische Nebenwirkung, daß sich die Frauen nicht oder fast nicht solidarisieren können, um sich gegen dieses System zu wehren. Eine andere Variante lautet so: Männer haben gar keine andere Möglichkeit, als sich so zu verhalten, denn auch sie müssen die Arbeit annehmen, die auf dem Arbeitsmarkt angeboten wird, und das ist nun einmal normalerweise eine Arbeit, die einen Mann während 44 Stunden pro Woche (zuzüglich die Zeit des Arbeitsweges) in Anspruch nimmt, weshalb er, wenn er sich fortpflanzen will, eine wenn möglich nichterwerbstätige Frau braucht. Und wenn er nicht genügend verdient und seine Frau deshalb einen Nebenerwerb haben muß, so kann er auch wieder nichts dafür, denn das liegt an den Bedingungen auf dem Arbeitsmarkt.

Diese erwähnten Varianten haben beide etwas für sich, und es gibt sicher noch weitere Interpretationen. Einen wichtigen Aspekt berücksichtigen sie jedoch noch zuwenig: Wir würden die heutige Situation nur unvollständig sehen, wenn die Doppelbelastung nicht erwähnt würde.

Viele Frauen kennen folgenden Alltag: Zur Erwerbsarbeit rennen, zwischenhinein kurz Einkäufe besorgen, Kinder zum Betreuungsort bringen und abholen, nach Hause rennen, kochen, Kinder zu Bett bringen, putzen am «freien» Samstagmorgen, wenn die älteren Kinder in der Schule sind ... Wir kennen diese Schilderungen des Tagesablaufs einer doppeltbelasteten Frau schon lange. Solche Schilderungen machen uns vollends bewußt, daß das gesunde Volksempfinden – ich muß es leider schon wieder bemühen – mit seinen Vorstellungen über die Frauenwelt und die Männerwelt an den tatsächlichen Verhältnissen vorbeigeht. Eine ganze Reihe von Frauen gehört nämlich gleichzeitig zur Männerwelt und doch noch zur Frauenwelt. Von diesen Frauen wird erwartet, daß sie Hausarbeit leisten und sich um die weiblich definierten Wertvorstellungen besonders kümmern, aber daneben müssen sie auch noch selbst zur wirtschaftlichen Versorgung der Frauenwelt beitragen. Und für diese nicht wenigen Frauen kann doch einfach die Vorstellung von der heilen Frauenwelt, die wirtschaftlich «von außen» versorgt wird, nicht mehr stimmen.

Eine nicht geringe Zahl von Frauen gehört gleichzeitig zur Frauenwelt und zur Männerwelt. Diese Frauen erfüllen im Privatbereich Frauenwelt-Funktionen, tragen aber gleichzeitig allein oder zusammen mit einem Mann zur wirtschaftlichen Versorgung der Frauenwelt bei. In der Männerwelt sind solche Frauen gegenüber den Männern doppelt benachteiligt: Sie tragen nicht nur den allen Frauen anhaftenden Stempel «nur vorübergehend anwesend», sondern sie haben im Erwerbsleben schon rein kräftemäßig viel weniger Energie zur Verfügung, da sie einen Teil dieser Energie für die Frauenwelt brauchen. Und in der Frauenwelt können sie die ihnen zugedachten Funktionen ebenfalls nur beschränkt wahrnehmen, weil daneben die Belastung durch die Arbeit in der Männerwelt besteht. Was für die Frauen als Gesamtheit gilt, spielt sich bei den doppeltbelasteten Frauen auch im individuellen Leben ab: Die Teilung führt zu unhaltbaren Zuständen. Und es zeigt sich, daß die Spaltung in Frauenwelt und Männerwelt eben letztlich gar nicht aufgehen kann.

Ein Bundesamt
für Heiratsvermittlung?

Was ich im ersten Kapitel beschrieben habe, läßt sich nicht leugnen: Wir haben ganz bestimmte Vorstellungen darüber, was weiblich und was männlich sei, und diese Vorstellungen werden uns in der Erziehung mitgegeben. Daß wir die Welt in Frauenwelt und Männerwelt gespalten haben, daß wir erwarten, die weiblich definierten Wertvorstellungen würden in der Frauenwelt hochgehalten und daß die Männerwelt von den männlich definierten Wertvorstellungen dominiert wird, dies alles ist ebenfalls Tatsache. Das zweite Kapitel hat nun die wirklichen Verhältnisse aufgezeigt, die zu den eingangs beschriebenen Vorstellungen teilweise in argem Widerspruch stehen. Wir haben also offensichtlich die Arbeitsteilung zwischen Frau und Mann in einer Art und Weise organisiert, die es gar nicht zuläßt, daß Frauen und Männer entsprechend den Eigenschaften und Fähigkeiten leben können, die wir ihnen zugedacht haben. Es bleibt deshalb die Frage: Stimmt nun eigentlich die Organisation oder stimmen die Vorstellungen? Oder stimmt eventuell sogar keines von beidem?

Antwort auf diese Fragen finden wir vielleicht dann, wenn wir uns einmal überlegen, wie denn die Organisation aussehen müßte, damit sie den Vorstellungen wirklich gerecht wird. Ein Spiel am Sandkasten, aber warum eigentlich nicht?

Die Organisation unserer Gesellschaft, die es möglich machen würde, daß effektiv jede Frau und jeder Mann unseren Vorstellungen entsprechend leben kann, diese Organisation müßte garantieren, daß jede Frau einen individuellen Versorger in der Männerwelt hat oder daß die Männerwelt sonst irgendwie wirtschaftlich für sie aufkommt. Und die Organisation müßte garantieren, daß jeder Mann eine häusliche Versorgerin in der Frauenwelt hat oder daß ihn die Frauenwelt sonstwie mit Hausarbeit versorgt. Das bedeutet, daß jeder Mann wenn immer möglich für eine Frau aufkommen müßte und daß die Männer, die gerade keine Frau versorgen, irgendwie zu der gemeinschaftlichen Versorgung der Frauenwelt beitragen müssten.

Männer wären – wie heute – alle erwerbstätig und mit der Ausbildung auch entsprechend darauf vorbereitet. Frauen wären alle nicht erwerbstätig. Frauenwelt und Männerwelt wären also nicht nur so wie heute, sondern auch die Zugehörigkeit zu den beiden Welten wäre ganz klar nach Geschlechtern geteilt: Frauen gehörten eindeutig und nur zur Frauenwelt, Männer gehörten eindeutig und nur zur Männerwelt. Das wäre dann eine Organisation der Gesellschaft, die den gängigen Vorstellungen über die Aufgaben von Frauen und Männern entsprechen würde. Diese Organisation hätte allerdings weitreichende Konsequenzen: Die Versorgung der Frauenwelt durch die Männerwelt müßte irgendwie gemeinschaftlich geregelt sein. Das heißt, daß die Gemeinschaft ein eminent großes Interesse daran hätte, daß möglichst viele Frauen individuell von Männern versorgt würden, daß mit andern Worten möglichst viele Frauen und Männer verheiratet wären.

Klare Konsequenz: Ein Bundesamt für Heiratsvermittlung. Es muß wohl etwa so organisiert sein wie heute die Arbeitsvermittlung für Arbeitslose, da gibt es ja zum Glück bereits Vorbilder. Natürlich sind kantonale Zweigstellen oder sogar eine Zweigstelle auf jeder Gemeindeverwaltung notwendig, denn die unverheirateten Personen, die es zu vermitteln gilt, müssen ja auch persönlich vorsprechen können. Aber die Vermittlung ist trotzdem gesamtschweizerisch, denn eine Frau aus der Ostschweiz kann durchaus an einen Mann in der Zentralschweiz vermittelt werden, sie ist ja auf keinen Fall erwerbstätig, da es gar keine erwerbstätigen Frauen gibt. Also kann sie bei der Heirat ohne weiteres an den Arbeitsort des Mannes ziehen. Ob das Bundesamt mit einem Computer arbeiten würde? Das wäre wahrscheinlich unumgänglich und übrigens auch viel sicherer, und Sicherheit wiederum wird bei dieser neuen Organisation der Gesellschaft sehr wichtig, denn der Staat hat ein echtes volkswirtschaftliches Interesse an der Aufrechterhaltung aller bestehenden Ehen. Übrigens: Ehescheidungen werden natürlich sehr erschwert werden. Sie sind nur noch zulässig, wenn beide Scheidungswilligen bereits je einen neuen Ehegatten in Aussicht haben. Handelt es sich bei den beiden letzten um solche, die vorher ledig waren, so hat der Staat dann allerdings wieder ein Interesse an dieser Scheidung, denn damit vermehrt sich die Zahl der Verheirateten und sinken die Staatsausgaben. A propos Staatsausgaben: Die Gemeinschaft hat für die unverheirateten Frauen zu sorgen. Vielleicht gibt es eine «Versorger»-Rente der Sozialversicherung für alle unverheirateten Frauen oder dann ein «Durchgangsheim für unverheiratete Frauen»? Bezügerinnen der

«Versorger»-Rente oder Bewohnerinnen des *«Durchgangsheimes für unverheiratete Frauen»* leisten natürlich einen Beitrag an die kollektive häusliche Versorgung der unverheirateten Männer, waschen ihre Wäsche, putzen in regelmäßigem Turnus die verschiedenen Junggesellen-Wohnungen, wobei alle diese Arbeit nicht direkt entlöhnt, sondern durch die Rente oder den Aufenthalt im Durchgangsheim abgegolten wird.

Das Gegenstück dazu ist der «Heiratspflichtersatz»: Der Computer, der über alle unverheirateten Personen Bescheid wissen muß, dient auch für die Erfassung all derjenigen Männer, die «Heiratspflichtersatzsteuer» zahlen müssen: Diese Steuer ist eine ganz logische Konsequenz der neuen Ordnung, und sie ist von allen unverheirateten Männern zu bezahlen, da diese nicht individuell eine Frau versorgen ... das liegt auf der Hand. Damit sollte die Sache volkswirtschaftlich eigentlich aufgehen. Wegfallen würden alle Staatsausgaben für Schule und Ausbildung von Mädchen (mit Ausnahme des Hauswirtschaftsunterrichts), denn die Frauen müssen ja nicht mehr auf die Männerwelt vorbereitet werden. Mit dem Wegfallen der erwerbstätigen Frauen würde allerdings auch gewisse Billiglohnarbeit wegfallen, aber das sollte volkswirtschaftlich eigentlich verkraftet werden können.

Einiges an dieser neuen Gesellschaftsorganisation ist mir allerdings noch nicht ganz klar: so zum Beispiel, in welchem Departement der Bundesverwaltung das Bundesamt für Heiratsvermittlung untergebracht werden sollte. Im Departement des Innern? Oder im Verkehrs- und Energiewirtschaftsdepartement? Vielleicht ist ja auch einer der Herren Bundesräte eher als ein anderer geneigt, die Verantwortung für diese neue Staatsaufgabe zu übernehmen, und darauf sollten wir auch ein wenig Rücksicht nehmen ... das neue Amt funktioniert nämlich besser, wenn es mit ein bißchen Liebe aufgebaut wird. Falls ich dann nämlich einmal im «Übergangsheim» sitze und für einen mir unbekannten kollektiv versorgten Junggesellen friedlich Socken stricke und wenn vom Bundesamt plötzlich eine Vermittlungskarte mit Foto eintrifft, so fände ich das sicher viel netter, wenn das Vermittlungsangebot auch etwas einladend aufgemacht wäre ...

Dieses Sandkastenspiel ist nicht nur reiner Unsinn. Es zeigt, wie wir die Gemeinschaft organisieren müßten, wenn wir an den üblichen Vorstellungen über die Eigenart und Arbeitsteilung zwischen Frauen und Männern wirklich festhalten und gleichzeitig vermeiden wollten, daß Frauen zwischen Frauenwelt und Männerwelt, also zwischen Stuhl und Bank fallen.

Kommen wir auf die Frage zurück, ob nun die Vorstellungen oder die Organisation stimme: Offensichtlich stimmt beides nicht. Eine Organisation, die den eingangs aufgezeigten allgemeinen Vorstellungen entsprechen würde, kann nicht unser Ziel sein. Zwar muß ich zugeben, daß sie hier etwas überspitzt dargestellt worden ist – und doch wäre dies eigentlich eine mögliche Folge, wenn wir die allgemein gängigen Vorstellungen über Frauen und Männer konsequent zu Ende denken würden.

Würden wir wirklich an Frauenwelt und Männerwelt glauben, so müßten wir – wenn wir ehrlich sein wollten – unsere Gesellschaft ganz anders organisieren. Wir müßten allen Frauen die Möglichkeit geben, sich tatsächlich auf jene Eigenschaften und Tätigkeiten zurückzuziehen, die als weiblich definiert worden sind. Und wir müßten es so einrichten, daß alle Männer zusammen effektiv die Verantwortung für die wirtschaftliche Versorgung aller Frauen tragen würden. Das würde aber zu einer Organisation führen, die uns beim heutigen Verständnis von Frau und Mann doch recht absurd scheint.

3 Zerstörerische Männerwelt

Das erste Kapitel war eine Darstellung der allgemein gängigen Vorstellungen über die Eigenart von Frau und Mann. Das zweite Kapitel hat gezeigt, daß die Art und Weise, wie wir die Arbeitsteilung zwischen Frauen und Männern organisiert haben, mit diesen Vorstellungen gar nicht übereinstimmt. In diesem dritten Kapitel soll nun zu zeigen versucht werden, wie sich die Vorstellungen des ersten Kapitels in einem weiteren Zusammenhang auswirken.

Vom Fräulein zur Frau

Verschiedentlich war im letzten Kapitel vom «Fräulein» die Rede. Ich habe Ausdrücke wie «Fräulein-Löhne», «Fräulein-Arbeitsplätze» gebraucht. Gemäß Lexikon ist ein Fräulein eine weibliche Person, die nicht verheiratet ist und auch noch nie verheiratet war. Soweit die Theorie. Wie sieht es praktisch aus?

Auch das hat wiederum mit der Zugehörigkeit zur Frauenwelt und zur Männerwelt zu tun. Frauen, die zur Frauenwelt gehören, heißen «Frau», Frauen, die zur Männerwelt gehören, heißen «Fräulein». Dies ist das Grundprinzip, übrigens auch ein konsequentes: Zur Frauenwelt kann eine Frau nur gehören, wenn sie von einer Männerwelt-Person wirtschaftlich versorgt wird, und diese Person ist in weitaus den meisten Fällen der Ehemann, also sind diese Frauen verheiratet und damit auch gemäß Lexikon «Frauen». Innerhalb der Männerwelt hat sich dieses Grundprinzip zum Teil sehr klar erhalten, indem nämlich die Bezeichnung «Fräulein» sogar zu einer Berufsbezeichnung geworden ist: Verkäuferinnen und weibliches Servierpersonal werden ungeachtet des Alters mit «Fräulein» gerufen und angesprochen. Irgendwo in der Luft scheint immer noch die Vermutung zu hängen, daß eine erwerbstätige Frau deshalb erwerbstätig ist, weil sie keinen wirtschaftlichen Versorger hat, daß sie also nicht verheiratet sein kann. Und damit löst sich das Begriffspaar «Frau – Fräulein» zum Teil vom Kriterium des Zivilstandes ab und wird auch zu einem Unterscheidungsmerkmal für «nichterwerbstätig – erwerbstätig» – oder, mit anderen Worten, Frauenwelt – Männerwelt.

«Fräulein» ist eine weibliche Person, die (noch) zur Männerwelt gehört, weil sie sich (noch) nicht mit einem Mann verbunden hat. In den Begriffen «Frau» und «Fräulein» liegt aber auch ein wertmäßiger Unterschied. «Frau» ist der Gegenbegriff zu «Mann», es sind dies die beiden gleichwertigen Bezeichnungen für einen weiblichen und einen männlichen Menschen. «Das Fräulein» ist hingegen ein sächlicher Begriff genauso wie «das Kind». Darin verbirgt sich mehr als nur ein sprachlicher Unterschied. Es liegt in dieser Unterscheidung unausgesprochen die Vorstellung, daß der vollwertige Gegenbegriff zur männlichen Person nur eine weibliche Person sein kann, die zur Frauenwelt gehört. Die weibliche Person, die (noch) zur Männerwelt gehört, ist (noch) gar keine richtige Frau, sie befindet sich im Vorstadium der Frau, sie ist gleichsam noch ein Kind, ein «Fraulein». Natürlich sind diese Vorstellungen vielen Frauen und den meisten Männern nicht bewußt, es ist deshalb auch sehr schwierig, sie überhaupt zu formulieren. Tatsache ist, daß der Schritt vom «Fräulein» zur «Frau» jedenfalls einen sozialen Aufstieg bedeutet. Vom Zivilstand her gesehen heißt das, daß die Frau erst eine «echte» Frau geworden ist, wenn sie sich mit einem Mann verbunden hat. In der praktischen und übertragenen Bedeutung, den das Begriffspaar «Frau – Fräulein» jedoch gewonnen hat und die übereinstimmt mit dem Begriffspaar «nichterwerbstätig – erwerbstätig», kann es auch bedeuten, daß eine «echte» Frau eine nichterwerbstätige Frau ist. Daß derartige Vorstellungen in unserer Bevölkerung weit verbreitet sind, mag etwa die Tatsache belegen, daß viele Männer offen oder immerhin im Grunde ihres Herzens prinzipiell gegen eine Erwerbstätigkeit ihrer Ehefrauen sind, wenn dies nicht unbedingt aus finanziellen Gründen nötig ist, daß aber dieselben Männer eine karitative Tätigkeit ihrer Ehefrauen durchaus akzeptieren, weil das die «Weiblichkeit» offenbar nicht beeinträchtigt, sondern eher bestätigt.

In regelmäßigen Abständen habe ich meine Anti-Fräulein-Phasen. Dann kann ich gar nicht anders, als mein Gegenüber, das mich mit «Fräulein» angesprochen hat, freundlich und möglichst humorvoll darauf aufmerksam zu machen, daß ich kein Fräulein bin ... nicht etwa deshalb, weil diese Bezeichnung mit meinem Zivilstand wirklich nicht übereinstimmt, sondern einfach deshalb, weil ich mich als vollwertige Person und Frau betrachte. Je nach Länge der Begegnung reicht es dann, jeweils noch beizufügen, daß ich auch nicht «Fräulein» genannt werden möchte, wenn dies punkto Zivilstand zutreffen würde. Der Ablauf solcher Diskussionen ist immer ähnlich: Mein Gegenüber fragt sofort: «Ja, wie soll ich denn sagen, bei Frauen ist das doch gar nicht anders möglich.» Und ich darauf mit ebensolcher Regelmäßigkeit: «Wie würden Sie denn einen Herrn in meinem Alter ansprechen?» ... denn der Vergleich mit dem «Herrlein» hat sich als ziemlich probates Mittel zur Illustration des «Fräulein»-Problems erwiesen. Meist endet das kurze Intermezzo fast mit einer gegenseitigen Entschuldigung «... ich werde natürlich nie mehr ‹Fräulein› zu Ihnen sagen ...» und ich «... oh, bitte, Sie haben es ja eigentlich nicht wissen können ...», und wieder einmal habe ich die Illusion, ein kleines Stücklein Aufklärungsarbeit geleistet zu haben. Selten einmal kann die Sache auch in Beschimpfungen durch die Gegenseite ausarten, aber das sind Ausnahmefälle.

Sitzung einer Kommission an einem Montagmorgen mit Vertretern aus Verwaltung, Exekutive, Legislative und privaten Verbänden. Kurz vor Sitzungsbeginn treffen die letzten Mitglieder ein, sehr viele Männer, sehr wenige Frauen, die Neuankommenden stellen sich den Anwesenden vor oder werden ihnen vorgestellt, angeregtes Durcheinander, bei mir krampfhaftes Bemühen, mir die vielen Namen zu merken. Ein eben Neuangekommener schiebt sich noch rasch von Gruppe zu Gruppe, «Freut mich, Herr Direktor», «Herr Doktor», «Herr Gemeinderat», aber auch «Freut mich, Herr Meier», «Guten Tag, Herr Müller», und bevor ich ihm – als die Reihe offenbar an mich kommt – meinen Namen nennen kann, sagt er zu mir «Guten Tag, Fräulein» ... und weg ist er, bevor ich überhaupt nur reagieren kann. Ihn quer durch den Saal zu verfolgen, liegt auch nicht mehr drin, denn eben setzen sich die Leute, und die Sitzung geht los. Die ersten einführenden Voten nehme ich schon gar nicht zur Kenntnis, denn ich habe eine solche Wut im Bauch, daß mir das ganz schön Herzklopfen macht. Was erlaubt sich dieser Kerl eigentlich? Ich weiß nicht einmal, wer er ist, er hat es ja nicht für nötig befunden, sich mir vorzustellen, für ihn genügte es, daß ich ein «Fräulein» bin und er ein «Herr» ist, damit sind die Machtverhältnisse in der Männerwelt für ihn offenbar genügend klargelegt, Namen braucht es keine. Sehr bald merke ich, daß es mir über-

haupt nicht an Titeln liegen kann, die allenfalls auch ich aufzuweisen hätte. Titel sollten nach meiner Ansicht ohnehin nicht mehr verwendet werden, allerdings: Solange es sie noch gibt, verwende ich sie bei Frauen prinzipiell auch, und ich gehe im Zweifelsfall sogar so weit, sie bei Frauen zu verwenden und bei Männern nicht. Aber es lag nicht daran, sondern mich verletzte es, daß der Kerl mich nur deshalb nicht bei meinem Namen zu nennen brauchte, weil ich eine weibliche Person bin. Bei einem Mann wäre ihm dies nie in den Sinn gekommen.

Manchmal sagen Frauen oder Männer in Diskussionen zum «Fräulein»-Problem, es sei doch eigentlich schmeichelhaft, «Fräulein» genannt zu werden, denn das zeige, daß eine Frau relativ jung aussehe. Das ist eine sehr trügerische Argumentation: Sie beweist nämlich genau das vorher Gesagte, daß diejenigen Frauen als «Fräulein» gelten, die (noch) in der Männerwelt sind und die also (noch) bereitstehen, um von Männern für den Weg in die Frauenwelt abgeholt zu werden. Bei einer schon etwas älteren Frau wird offenbar nicht mehr vermutet, sie sei noch zum Heiraten zu haben, also ist sie kein «Fräulein» mehr. Wenn ich es als schmeichelhaft empfinden würde, noch so jung zu sein, daß ich mit «Fräulein» angesprochen werde, so würde dies folgendes bedeuten: Ich würde akzeptieren, daß es zwei Lager von Frauen gibt, und das kann ich mit dem besten Willen nicht.

Vor allem ältere Frauen legen bisweilen selbst Wert darauf, nicht als «Frau», sondern als «Fräulein» zu gelten. Dies sind zum Beispiel Frauen, die ein ganzes Leben lang für sich selbst aufgekommen und darauf sehr stolz sind, daß sie nicht von einem Ehemann abhängig wurden. Es ist gleichsam der Stolz, von der Männerwelt nicht in die Frauenwelt abgedrängt worden zu sein. Oder das «Fräulein Professor», das auf diese Anrede besteht, weil bei der «Frau Professor» der Eindruck entstehen könnte, sie sei die Ehefrau des Herrn Professors. Die jüngeren Frauen, die die Anrede «Fräulein» kategorisch ablehnen, wollen eigentlich dasselbe wie die zumeist älteren, die auf dem «Fräulein» bestehen: Sie wehren sich dagegen, daß sie als Anhängsel eines Mannes definiert werden. Für die ältere Generation kam es nicht in Frage, das «Frau-Fräulein»-System als Ganzes in Frage zu stellen, also grenzen sie sich durch das «Fräulein» von den männerabhängigen Frauen ab. Und die jüngere Generation sagt ganz einfach «Fräuleins gibt es nicht mehr!» Für mich persönlich heißt das folgendes: Fräuleins gibt es nicht, es sei denn, eine Frau wünsche diese Anrede selbst, was ich selbstverständlich respektiere, denn es kommt ja auf das Selbstwertgefühl der betreffenden Person an.

«Fräulein» ist der Zustand der Frau, die der Männerwelt zugehört. Das «Fräulein» wird in dem Moment zur «Frau», in welchem es sich mit einem Mann verbindet, also in dem Moment, in welchem sich der Weg zur Frauenwelt öffnet, denn die Zugehörigkeit zur Frauenwelt bedingt die wirtschaftliche Versorgung durch eine Person aus der Männerwelt, in weitaus den meisten Fällen in der Person eines Ehemannes. Der Wechsel vom «Fräulein» zur «Frau» bedeutet mehr Ansehen, denn wirkliches Ansehen kann die Frau traditionell nur in der Frauenwelt gewinnen. Aus der Sicht vieler Frauen und Männer sind «echte» Frauen nur jene, die ganz zur Frauenwelt gehören.

Verehrung und Verachtung für «echte» Frauen

Jede Frau, die sich für irgendeine Besserstellung der Frauen im Erwerbsleben eingesetzt hat, kennt die berühmten Gegenargumente einiger Männer: Vielleicht leiten sie ihre Ausführungen damit ein, daß sie zwar schon für die Gleichstellung von Frauen und Männern im Erwerbsleben seien, aber ... oder sie kommen sogleich und unumwunden auf den Kern der Sache zu sprechen, daß der schönste Beruf der Frau doch derjenige der Hausfrau und Mutter sei, und letztlich würden nämlich die Bemühungen für die Besserstellung der Frauen im Erwerbsleben nur darauf hinauslaufen, das Hausfrauen- und Mutterdasein abzuwerten. Meistens werden zur Darlegung dieses Argumentes zwar andere Worte gebraucht, härtere und emotionellere Worte: «Ihr wollt ja nur die Frauen aus dem Haus locken, die noch richtige Frauen sind und noch wissen, was die eigentliche Aufgabe der Frau ist!» oder: «Ihr wollt die richtigen Frauen verunsichern, und ihr macht sie unglücklich! Im Grunde genommen verachtet ihr nämlich die Hausfrauen!» Und mit «ihr» meinen diese Männer jene Frauen, die sich für die Gleichstellung von Frau und Mann im Erwerbsleben einsetzen. Männer, die so argumentieren, teilen die Frauen in zwei Gruppen ein, die guten und die bösen, die Hausfrauen und Mütter sind die guten, und die, die Gleichstellung von Frau und Mann im Erwerbsleben wollen, sind die bösen. Es ist wieder dieselbe Einteilung: Die Frauen in der Frauenwelt sind die guten, die Frauen in der Männerwelt sind die bösen. Übrigens zeigt es sich hier, daß eine Frau nicht nur auf Grund von eigener Erwerbstätigkeit zur Männerwelt gehören kann. Unter die «Bösen» werden nämlich auch jene Frauen eingereiht, die selbst nicht oder fast nicht erwerbstätig sind, die sich aber zum Beispiel politisch betätigen und in ihrer politischen Aktivität die Gleichstellung von Frau und Mann im Erwerbsleben verlangen.

In solchen Diskussionen lohnt es sich immer, die so argumentierenden Männer näher anzusehen und ihnen gut zuzuhören. Nicht um sich überzeugen zu lassen, aber um zu verstehen, warum gerade sie so hart argumentieren und aus welchen Motiven heraus sie es tun. Es zeigt sich häufig, daß es sehr typische Männerwelt-Vertreter sind, Männer, die sich direkt mit den männlich definierten Wertmaßstäben identifizieren. Aus ihren Worten tönt immer eine tiefempfundene Verehrung für die weiblich definierten Eigenschaften und für die Frauen in der Frauenwelt, und gerade weil diese Haltung vielmehr tiefempfunden als vernunftsbedingt ist, klingen die Voten dieser Männer so emotionell und heftig. Für diese Männer ist es völlig klar, daß «echte» Frauen nur diejenigen sein können, die ganz zur Frauenwelt gehören.

Wenn Leute in Diskussionen emotionell heftig werden, dann steckt häufig irgendeine Angst dahinter. Und in der Situation, die ich eben beschrieben habe, wird die Angst sogar ziemlich deutlich: Alle Männer, die den männlichen Wertvorstellungen sehr gut entsprechen, haben die weiblich definierten Eigenschaften sehr intensiv und vollumfänglich an die Frauenwelt delegiert. Sie sind also noch mehr als andere darauf angewiesen, daß die Frauenwelt diese Eigenschaften gut verwaltet und für sie bereithält. Aus diesem Grunde fühlen sie sich dann auch echt bedroht, wenn sie den Eindruck haben, daß immer mehr Frauen aus der Frauenwelt heraus auch in die Männerwelt ziehen könnten. Deshalb haben sie auch irgendwie im Innersten Angst vor den Bemühungen, Frauen und Männer im Erwerbsleben gleichzustellen. Bewußt ist diesen Männern meistens nur, daß «Frauen eben Frauen sind» und ihren angestammten Platz in der Frauenwelt haben, daß «Männer eben Männer sind» und ihren Platz in der Männerwelt haben.

Übrigens: Ansätze zur Verachtung von Hausfrauen gibt es tatsächlich, und zwar bei typischen Vertreterinnen der Männerwelt. Sie orientieren sich an männlich definierten Wertvorstellungen, haben es in der Männerwelt zu guten oder zu den höchsten für Frauen überhaupt zugänglichen Positionen gebracht. Von ihnen hören wir etwa: «Frauendiskriminierung? Gibt es doch nicht. Wenn Frauen gleich tüchtig sind wie Männer, so bringen sie es doch genau gleich weit. Ich bin noch nie diskriminiert worden...» Sie identifizieren sich voll mit der Männerwelt, und weil sie trotzdem Frauen sind, bleibt ihnen gar nichts anderes übrig, als sich von der Frauenwelt abzugrenzen. Daraus kann – muß nicht – eine gewisse, oft unbewußte Verachtung für Frauenwelt-Frauen entstehen. Ich bin weit davon entfernt, diese Frauen zu verurteilen. Viele von ihnen könnten in ihren beruflichen Positionen gar nicht überleben, wenn sie sich nicht als Selbstschutz diese Sicht der Dinge zugelegt hätten.

Hat es das früher nicht auch in mir gegeben?

«Frauendiskriminierung gibt es nicht...» habe ich allerdings nie gesagt. Daß etwas mit der Stellung der Frauen nicht stimmen konnte, hatte ich schon als Kind mitbekommen. Ich sah, daß meine Mutter das Geld äußerst gut einteilen mußte, wenn es für uns alle reichen sollte. Zwar trafen mit großer Regelmäßigkeit Alimentenzahlungen ein, die irgendwann einmal in meinem ersten Lebensjahr bei einer Scheidung festgesetzt worden waren. Aber ich spürte sehr genau, daß die Mutter von anderen Leuten abhängig war, sie unterzog sich anderen Leuten, mußte dankbar sein, daß wir durchkamen, und das empfand ich irgendwie als ungerecht. Scharfsinnig überlegte ich mir, daß die Mutter nicht in dieser Situation wäre, wenn sie nicht geheiratet hätte. Meine kindlichen gesellschaftskritischen Betrachtungen fanden dann aber jeweils ein abruptes Ende bei der Feststellung, daß ich dann ja gar nicht auf der Welt wäre, und so etwas hätte mir schon gar nicht gepaßt. Ich schätzte mich nämlich immer ausgesprochen glücklich, und das kam mir bisweilen an schulfreien Mittwochnachmittagen zum Bewußtsein, wenn einige Kinder zusammen etwas unternahmen. Immer wieder

kam es es vor, daß ein Kind sagen mußte: «Weißt du, die Mutter würde mich schon mitgehen lassen, aber der Vater hat halt nein gesagt...» Da lachte ich mir ins Fäustchen und stellte fest, daß ich solcher Unbill des Schicksals nicht ausgesetzt war.

Von der Mutter hörten wir – vor allem die drei Mädchen, aber für den Bruder war es wohl selbstverständlich –, es sei vor allem wichtig, «etwas Richtiges zu werden», und damit meinte sie eine gute berufliche Ausbildung. Das leuchtete mir ein, ich wollte nie von einem Mann oder wegen eines Mannes finanziell abhängig werden. Und so beschloß ich schon früh, eben «etwas Richtiges zu werden». Also sagte ich nicht «Frauendiskriminierung gibt es nicht», sondern «Frauendiskriminierung gibt es, aber ich werde es schon irgendwie fertigbringen, mich ihren Auswirkungen zu entziehen». Eine Zeitlang lief das auch ganz gut, ich war männerwelt-orientiert und konnte mich auch gar nicht so schlecht durchsetzen. Daß ich mich in dieser Situation trotzdem immer intensiver mit dem Thema «Frauendiskriminierung» zu befassen begann – eine Sache, von der ich anfänglich annahm, sie betreffe mich selbst gar nicht so sehr –, kam wohl daher, daß ich mich als «Mann» doch nicht so wohl fühlte, und vielleicht war mir auch die Situation meiner Mutter zu tief unter die Haut gekrochen, als daß ich dieses Thema so rasch hätte loswerden können.

Immerhin ist mir aus jener Zeit das Verständnis für diejenigen Frauen geblieben, die sich mit Frauenwelt-Frauen nicht identifizieren können. Ich kann ihre Haltung nachvollziehen, auch wenn für mich persönlich in der Zwischenzeit sehr viele Dinge anders geworden sind, weil ich die Spaltung in Frauenwelt und Männerwelt grundsätzlich in Frage zu stellen begonnen habe.

Vorhin war zuerst von den Männern die Rede, die eine enorme Verehrung für «echte» Frauen haben, und danach war von einigen Frauen die Rede, die die «echten» Frauen verachten. Sie haben etwas gemeinsam: Alle sind typische Vertreterinnen und Vertreter der Männerwelt, wir könnten sie zum Beispiel als «Karrierefrauen» und «Karrieremänner» bezeichnen, sie identifizieren sich voll mit den Wertmaßstäben der Männerwelt.

Und wichtig ist nun noch festzustellen, daß die Verehrung dieser Männer und die Verachtung dieser Frauen für Frauenwelt-Frauen letzlich dasselbe ist, nämlich eine innerliche Abgrenzung gegen die weiblich definierten Eigenschaften. Typische Vertreterinnen und

Vertreter der Männerwelt müssen sich nämlich immer wieder von den weiblich definierten Eigenschaften distanzieren, denn je typischer ein Wertsystem der Männerwelt entspricht, desto radikaler sind die weiblich definierten Eigenschaften daraus verbannt und der Frauenwelt delegiert worden. Die Abgrenzung kann dann bei den Vertreterinnen und bei den Vertretern der Männerwelt verschieden herauskommen. Die männlichen Vertreter haben es leichter als die Vertreterinnen, denn sie können beim Geschlecht anknüpfen. Sie überhöhen einfach das «Weibliche», machen es zum «Ewigweiblichen», heben es in den Himmel und damit ist die Abgrenzung erledigt. Sie betonen damit, daß nur Frauen so verehrte Eigenschaften haben können, sie selbst als Männer also nicht. Für die Vertreterinnen der Männerwelt ist das natürlich nicht möglich. Deshalb geschieht für sie die Abgrenzung in negativer Weise: «Ich habe es geschafft, und die Frauen, die es nicht geschafft haben, sind offenbar weniger gut als ich...»

Den Beweis, daß diese Betrachtungsweise etwas auf sich hat, liefern übrigens die typischen Vertreter der Männerwelt selbst: Werden sie darauf angesprochen, daß Männer doch auch Funktionen übernehmen könnten, die weiblich definierte Eigenschaften voraussetzen, zum Beispiel den Beruf eines Kindergärtners oder in der eigenen Familie die Betreuung kleiner Kinder – ein sehr bewährter Ansatzpunkt für derartige Diskussionen ist übrigens das Thema «Vaterschaftsurlaub» –, so reagieren sie genauso emotionell ablehnend. Wenn nämlich Männer in grösserer Zahl Funktionen ausüben würden, die deutlich weiblich definierte Eigenschaften voraussetzen, so wäre es den typischen Vertretern der Männerwelt nicht mehr möglich, sich nur auf Grund ihres Geschlechts von den weiblich definierten Eigenschaften abzugrenzen. Dann müßten sie nämlich auch dazu übergehen, die Frauenwelt-Personen direkt zu verachten, und sie könnten diese Verachtung nicht mehr hinter Verehrung verstecken.

Verehrung und Verachtung gegenüber «echten» Frauen sind gleichermaßen eine Abgrenzung gegenüber der Frauenwelt. Im einen Fall positiv, im zweiten Fall negativ wird damit ausgedrückt, daß die typischen Vertreterinnen und Vertreter der Männerwelt diejenigen Eigenschaften in sich nicht zu

entwickeln wünschen, die der Frauenwelt delegiert worden sind. Verehrung und Verachtung unterstreichen, daß weiblich definierte Wertvorstellungen in der Männerwelt nichts zu suchen haben.

Weiblich definierte Wertvorstellungen sind minderwertig

Wenn sich eine Person in der Männerwelt durchsetzen will, muß sie männlich definierte Eigenschaften aufweisen, sei sie nun Frau oder Mann.

Wenn jemand versucht, weiblich definierte Wertvorstellungen in die Männerwelt hineinzutragen, entstehen ganz grundlegende Widerstände. Ein Beispiel ist die Art und Weise, wie Leute abgestempelt werden, die sich zum Ziel gesetzt haben, dem Prinzip «gegen die Natur» das Prinzip «mit der Natur» gegenüberzustellen, und die mit Forderungen nach mehr Lebensfreundlichkeit in die lebensfeindliche Männerwelt eindringen wollen. Wer solche Forderungen stellt, wird in der Männerwelt als realitätsfern, schwärmerisch, unvernünftig oder gar als nicht zurechnungsfähig bezeichnet.

Leider werden Wissenschaft und Technik häufig dazu mißbraucht, diese lebensfreundlichen Wertvorstellungen zu bekämpfen. Wie viele Frauen gibt es doch, die aus ihrem Erfahrungsbereich in der Frauenwelt wichtige Erkenntnisse zu vielfältigen Sachfragen beisteuern können, nicht aus großangelegten Versuchen, sondern aus dem Kleinen. Die Männerwelt lebt aber vom Glauben an die Wissenschaft, an Fachwissen, von Spezialistengläubigkeit und nicht zuletzt von Titelgläubigkeit. Mit ihren persönlichen Erfahrungen und Erkenntnissen müssen Frauen in Gremien der Männerwelt schon gar nicht kommen: Sie werden nicht zur Kenntnis genommen oder kurzerhand ausgelacht, denn ernst genommen werden nur Leute mit einer möglichst langen Ausbildung, Spezialistinnen und Spezialisten. Nicht etwa, daß ich behaupten würde, es brauche keine Wissenschaft, es braucht sie genauso, wie es die Technik braucht. Aber wenn wir uns von ihren Methoden völlig dominieren lassen, so kommen andere Elemente zu kurz, die es für eine ausgewogene Entwicklung unserer Gesellschaft und unserer

Umwelt ebenfalls braucht. Wenn Wissenschaft und Technik alles andere dominieren, so artet dies leicht in einen blinden Glauben an Wissenschaftlerinnen und Wissenschaftler und an Technologinnen und Technologen aus, also an diejenigen Personen, die deutlich den Wertvorstellungen der Männerwelt unterliegen, und die es sicher nicht ganz vermeiden können, daß diese Wertvorstellungen auch in ihre «wissenschaftlichen» Erkenntnisse einfließen. Die Titelgläubigkeit ist dann die äußerliche Erscheinung dieser Abläufe: Ein Titel, insbesondere ein akademischer Titel, ist an sich zuerst einmal ein Gütezeichen für männerwelt-konformes Denken, jedenfalls wenn er in seinem traditionellen Sinn verstanden wird. Was natürlich längst nicht heißt, daß alle Trägerinnen und Träger von akademischen Titeln typische Vertreterinnen und Vertreter der Männerwelt sind.

Ein praktisches Beispiel für diese Zusammenhänge ist der Geburtsvorgang, eine Domäne, die in früheren Zeiten vollständig den Frauen vorbehalten war, der gebärenden Frau selbst, heilkundigen Frauen und Hebammen, wobei von den letzteren viele als Hexen verbrannt worden sind, weil sie zuviel Fachwissen und damit Macht besaßen und der Männerwelt deshalb zu gefährlich waren. Heute hat sich Wissenschaft und Technik der Geburt bemächtigt, die Männerwelt hat der Frauenwelt den Geburtsvorgang weggenommen. Auch hier ist eine differenzierte Betrachtungsweise nötig: Natürlich ist es von Gutem, daß medizinische Komplikationen nicht mehr zum Tod von Mutter oder Kind oder beiden führt, Wissenschaft und Technik haben zweifellos ihre positiven Seiten. Viele Frauen und Männer möchten jedoch heute das Geburtsgeschehen wieder vermehrt in den Privatbereich zurücknehmen, sei es, daß sie den Spitalaufenthalt möglichst kurz bemessen wollen, sei es, daß sie eine Geburt zu Hause vorziehen, wenn keine medizinischen Komplikationen zu befürchten sind, was sich heute wiederum dank einer positiv eingesetzten Technik offenbar mehr oder weniger voraussagen läßt. Das zunächst mitleidige Lächeln und später der offene Widerstand, auf den diese Frauen und bisweilen auch ihre Männer häufig stoßen, wenn sie ihr Anliegen bei den «zuständigen Instanzen» der Männerwelt vorbringen, ist ein Zeichen für die Minderwertigkeit der weiblich definierten Wertvorstellungen. Die Männerwelt verachtet nicht nur das Lebensfreundliche, sie verachtet letztlich auch den Privatbereich: Eine Geburt zu Hause ist doch einfach unseriös ... so etwas Wichtiges gehört in ein Spital, wo es sich kompetent überwachen läßt und in einem durch die Männerwelt gesteckten Rahmen abspielen kann.

Zum dritten Merkmal der Frauenwelt, zum «Unwirtschaftlichen» braucht es keine großen Beispiele mehr. Wer sich – Frau oder Mann – in typischen Männerwelt-Gremien gegen das Rentabilitätsdenken ausspricht, erntet etwa dieselben Reaktionen wie diejenigen, die sich für Lebensfreundlichkeit einsetzen.

In der Männerwelt können sich Frauen und Männer nur mit männlich definierten Eigenschaften durchsetzen. Von Frauen wird in der Männerwelt verlangt, daß sie sich völlig den männlich definierten Wertvorstellungen unterziehen. Auf weiblich definierte Wertvorstellungen reagiert die Männerwelt normalerweise mit Ignorieren oder gar mit Lächerlichmachen. Dies kann auch geschehen, wenn sie durch Männer vorgebracht werden. Weiblich definierte Wertvorstellungen sind in der Männerwelt minderwertig.

Frauen sind überhaupt minderwertig

So eigenartig dies tönen mag: Wenn eine Frau von der Männerwelt anerkannt werden will, so tut sie gut daran, möglichst jeden Tag unter Beweis zu stellen, daß sie in ihren Wertvorstellungen und in ihrem Denken gar keine Frau ist, denn Frauen sind hier minderwertig. Woher käme denn sonst der schreckliche Ausdruck, daß eine Frau «ihren Mann stellt»?

Ein Beispiel für die Minderwertigkeit der Frauen in der Männerwelt ist der Lehrerberuf. Während Jahrhunderten waren alle Lehrer Männer. Mit dem Eintreten der Frauen ins Erwerbsleben wurde der Lehrerberuf jedenfalls für untere Schulstufen immer mehr und schließlich fast ganz zu einem Frauenberuf. Das hatte zur Folge, daß dieser Beruf in seinem Ansehen abgewertet wurde, und heute üben Männer diese Tätigkeit fast nur noch als Durchgangsstation aus. Die wenigen Männer, die in diesem Frauenberuf bleiben, sind jedenfalls keine typischen Vertreter der männlich definierten Wertmaßstäbe, sonst würden sie es gar nicht ertragen, in einem Frauenberuf tätig zu sein. Übrigens besteht eine gegenseitige Wechselwirkung zwischen der ideellen und der materiellen Seite dieses Problems: Wenn ein Beruf in seinem Ansehen zum Frauenberuf absinkt, fällt das Lohnniveau auf das «Fräulein»-Lohnniveau ab. Kindergärtnerinnen sind an den meisten Orten so schlecht bezahlt, daß es schwierig wäre, mit diesem Lohn eine vierköpfige Familie zu erhalten. Und damit ergibt sich für viele Männer auch noch eine materielle Barriere im Zugang zu solchen Berufen.

Seit die Minderwertigkeit von Frauenberufen erkannt und festgestellt worden ist, daß auch die Lohndifferenz für Frauen und Männer damit zusammenhängt, wird an vielen Orten versucht, die Stellung der Frauen im Erwerbsleben dadurch zu verbessern, daß Männer in Frauenberufen und Frauen in Männerberufen gefördert werden. Wer sich mit solchen Fragen befaßt, stößt auf sehr große Widerstände, und daraus ergibt sich ein weiteres Beispiel: Wenn sich die Chauffeure öffentlicher Verkehrsmittel mit Vehemenz und oft in sehr emotioneller Art und Weise dagegen wehren, daß auch Frauen in diesem Beruf tätig sind, so tun sie es nicht deshalb, weil dann einige Toiletten in Damen-Toiletten umgetauft werden müßten. Sie tun es schon eher deshalb, weil sie vor einem Absinken des Lohnes Angst haben, obwohl in diesen Berufen die Löhne in der Regel gut abgesichert sind. Aber sie tun es vor allem, weil das Eindringen von Frauen in diesen Beruf an sich schon zu einer Abwertung des Berufes führen würde, und es ist verständlich, daß die Chauffeure das nicht wollen. Nicht nur die typischen Männerberufe, sondern alle Männerdomänen überhaupt beziehen einen Teil ihres Ansehens bereits aus der Tatsache, daß Frauen dazu keinen Zutritt haben.

Frau sein in der Männerwelt bedeutet minderwertig sein. In einem Männerwelt-Gremium können Ideen, Gedanken oder Ansichten auf Gehör oder gar Zustimmung stoßen, wenn sie von einem Mann vorgebracht worden sind, während genau dieselben Ideen, Gedanken oder Ansichten im gleichen Gremium eine halbe Stunde vorher kaum zur Kenntnis genommen worden sind, weil sie von einer Frau vorgebracht wurden. Jedes Anliegen ist in der Männerwelt von vornherein weniger wert, wenn es von einer oder mehreren Frauen vorgetragen wird. «Frauensachen», «Frauenfragen», «Frauenanliegen», «Frauen...» sind in der Männerwelt minderwertig, jedenfalls weniger wert und damit weniger ernst zu nehmen als andere «Sachen», «Fragen», «Anliegen» und nichtweibliche Menschen.

Kürzlich stellten sich in einer Gruppe verschiedene Redaktorinnen und Redaktoren vor. Die meisten begannen ihre Ausführungen mit einer Darstellung ihrer bisherigen Aktivitäten, und so hörten wir von einer Frau «Ich arbeitete längere Zeit als verantwortlicher Redaktor am Blatt XY, später war ich als freier Journalist tätig, wurde in dieser Zeit auch gelegentlich als Berater der Gruppe XZ beigezogen . . .» etc. Ich rutschte immer unruhiger auf meinem Stuhl hin und her. Am liebsten hätte ich laut dazwischengerufen: «Um Himmels willen, du bist doch eine Frau, eine Redaktorin, eine Journalistin, eine Beraterin!»

Etwas später saß ich mit ihr zusammen und erzählte ihr lachend, wie ich damals immer unruhiger herumgerutscht sei. Wir sprachen darüber, daß Frauen aus Selbstschutz immer noch die männliche Form einer Berufsbezeichnung für sich selbst verwenden, um der Minderwertigkeit der weiblichen Form zu entgehen. Ich erzählte auch von meinen Erfahrungen: Daß ich die längste Zeit von mir selbst als «Jurist» oder «Anwalt» gesprochen habe, und zwar – das muß der Ehrlichkeit halber gesagt sein – nicht nur bis vor wenigen Jahren, sondern bis vor wenigen Monaten. Genauso, wie ich schon als Kind «etwas Richtiges» werden wollte, hatte ich später in der Männerwelt auch im Sinn, «etwas Richtiges» zu sein, also hänge ich mir sicher nicht die weibliche Form an meine Berufsbezeichnung . . . ich doch nicht! Und wie ich dann seit längerer Zeit auf das Problem der Selbstverleugnung der Frauen aufmerksam wurde, wie ich eigentlich schon längst wußte, daß ich mich als «Juristin» oder «Anwältin» bezeichnen sollte, und wie ich es im entscheidenden Moment eben doch nie tat, weil ich mich nicht abwerten wollte. Mein Selbstwertgefühl als Frau war noch nicht groß genug, als daß es die Männerwelt-Wertmaßstäbe hätte übertönen können. Heute bin ich am Umstellen und vor kurzem auch dazu übergegangen, von anderen Leuten die Verwendung der weiblichen Form zu verlangen, wenn ich fälschlicherweise mit der männlichen Form bezeichnet werde. Und doch habe ich immer noch regelmäßig Rückfälle. . .

Weiblich definierte Wertvorstellungen werden in der Männerwelt sehr rasch mit «Frau» überhaupt identifiziert. Dies hat eine verhängnisvolle Wechselwirkung zur Folge: Die

Minderwertigkeit der weiblich definierten Wertvorstellungen überträgt sich auf die Frauen in der Männerwelt ganz allgemein, und weil Frauen minderwertig sind, werden es die weiblich definierten Wertvorstellungen noch mehr. Frau sein in der Männerwelt bedeutet an sich schon Minderwertigkeit. Tätigkeiten werden plötzlich zu minderwertigen Tätigkeiten, sobald sie durch Frauen ausgeführt werden. Oder Meinungsäußerungen, die – wenn sie von einem Mann kämen – durchaus ernst genommen würden, werden ignoriert oder lächerlich gemacht, nur weil sie von einer Frau stammen.

Gewalt gegen Frauen

Noch vor wenigen Jahren wurde über das Thema «Gewalt gegen Frauen» sehr wenig gesprochen. Natürlich war bekannt, daß einzelne Frauen von ihren Männern geschlagen wurden. Aber es wurde angenommen, das seien seltene Ausnahmefälle, und vor allem die betroffenen Frauen selbst sprachen kaum über die Mißhandlungen, sondern versuchten, der Umgebung sorgfältig zu verbergen, daß sie von ihren Männern geschlagen wurden. Erst in letzter Zeit stellte es sich erstens heraus, daß viel mehr Frauen mißhandelt werden, als immer angenommen worden ist, und daß zweitens Gewalt gegen Frauen quer durch die ganze Bevölkerung existiert: Direktoren schlagen ihre Frauen durchschnittlich gleich häufig wie Angestellte.

Aggressionen zwischen Menschen hat es immer gegeben. Aggressionen von Männern gegenüber Männern, von Frauen gegenüber Frauen, von Frauen gegenüber Männern und von Männern gegenüber Frauen. Die zuletzt genannte Aggression scheint aber besonders anfällig dafür zu sein, daß sie zu körperlicher Gewaltanwendung und Mißhandlung führt. Dies ist nur möglich, weil in unserer Kultur immer noch Ansätze vorhanden sind, daß Frauen als Eigentum der Männer betrachtet werden, was wiederum mit der Minderwertigkeit der Frau in unserer Kultur zusammenhängt. Es gab Kulturen, in welchen der Mann uneingeschränktes Verfügungsrecht über seine Frau oder seine Frauen hatte, genauso wie über seine Sklaven. Er konnte sogar über Leben und Tod der Frau entscheiden, konnte sie für ein Vergehen körperlich züchtigen oder mit dem Tode bestrafen, wenn er dies für richtig hielt, und er war dafür niemandem Rechenschaft schuldig. Zwar gibt es das in unserer heutigen Kultur nicht mehr. Aber ein kleiner Teil davon scheint sich doch noch erhalten zu haben. Werden Frauen – oder auch Männer – befragt, warum es zu den Tätlichkeiten gekommen sei, so lautet die Antwort nicht selten, daß der Mann gefunden habe, die Frau hätte etwas falsch gemacht: «Weil das Essen kalt war...» oder: «Weil die Schuhe nicht geputzt waren...», obschon das meist nur Vorwände sind. Aber es scheint doch, daß ein solcher Vorwand gesucht wird, der die Mißhandlung dann als eine Art Strafe erscheinen läßt.

Übrigens sind Überreste des Eigentumdenkens auch noch anderweitig feststellbar: Vergewaltigung ist eine der brutalsten Formen der Gewalt gegen Frauen, brutal nicht nur im körperlichen Sinne. Vergewaltigung ist denn auch rechtlich unter Strafe gestellt, wobei allerdings festzustellen ist, daß die Täter oft glimpflich davonkommen, weil die Gerichte – und übrigens auch die öffentliche Meinung – sehr rasch bereit sind, auch dem Opfer einen Teil der Schuld zuzuschieben. In vielen Ländern gilt es als Entlastung des Vergewaltigers, wenn die Frau mit ihm eine freundschaftliche Beziehung hatte, wenn sie ihn zu sich nach Hause einlud oder sogar bereits die Tatsache, daß sie sich mit ihm in ein Gespräch eingelassen hat. Die Frau kann also wählen: Entweder meidet sie den Kontakt mit Männern, und zwar auch gesprächsweise, oder sie riskiert, daß ihr Verhalten bereits als Einladung zum Geschlechtsverkehr ausgelegt wird und daß sie – falls der Mann den Geschlechtsverkehr dann gegen ihren Willen erzwingt – als einladendes Opfer gilt. Das heißt, daß sich Frauen schon durch das einfache Anknüpfen von Kontakten mit Männern in eine Art Eigentum des Mannes hineinbegeben. Das Kontaktanknüpfen wird ihnen nach einer Vergewaltigung als Mitschuld angelastet.

Noch deutlicher werden diese Zusammenhänge in der Ehe: Nach der heute geltenden schweizerischen Gesetzgebung kann ein Ehemann «seine» Frau so oft er will gegen ihren Willen zum Geschlechtsverkehr zwingen. Wegen Vergewaltigung macht er sich dadurch nicht strafbar, nur wegen anderer Straftaten. Diese Regelung ist eigentlich nur die Verstärkung der außerehelichen Situation. Wenn das Opfer vor der Vergewaltigung eine gesprächsweise Beziehung zum Täter eingegangen ist, so akzeptiert es ein teilweises Eigentum des Täters über seinen Körper, und der Täter wird deshalb weniger hart bestraft. Und wenn das «Opfer» eine feste Beziehung zum «Täter» in der Form einer Ehe eingegangen ist, so akzeptiert es offenbar das völlige Eigentum des «Täters» über seinen Körper und der «Täter» kann wegen Vergewaltigung gar nicht bestraft werden. In sehr vielen Ehen kommt es niemals vor, daß die Frau vom Mann wider Willen zum Geschlechtsverkehr gezwungen würde. Viele Frauen und Männer, die eine gute Beziehung haben, können sich Derartiges denn auch überhaupt nicht vorstellen. Das darf uns aber nicht daran hindern festzustellen, daß unsere Kultur, unsere Moral und Rechtsordnung solches zulassen. Irgendwann einmal ist ja von irgend jemandem entschieden worden, Vergewaltigung werde nur bestraft, wenn sie außerehelich geschehe, und daß sie innerhalb der Ehe nicht bestraft werden solle. Das muß uns auf jeden Fall zu denken geben, denn es widerspiegelt sich in dieser Regelung ganz allgemein das Frauen- und Männerbild unserer Kultur und die Überreste des Eigentumsdenkens gegenüber Frauen. Und von diesem Eigentumsdenken sind alle Frauen betroffen, nicht nur die ehelichen oder außerehelichen Opfer von Vergewaltigungen.

Ein letztes Beispiel soll dies verdeutlichen: Die Darstellung oder Betrachtung von Frauen als reine Sexualobjekte ist ein Ausdruck des Eigentumsdenkens gegenüber den Frauen, und damit auch eine Art von Gewalt gegen Frauen. Es ist eine Art von Gewalt, der sich die einzelne Frau nicht einmal dadurch entziehen kann, daß sie den Kontakt mit Männern meiden würde, denn die Darstellung von Frauen als Sexualobjekte ist überall, wir können der Werbung nicht ausweichen. Wenn ein neues glänzendes Auto mit einer nackten oder fast nackten Frau in sexuell einladender oder zumindest anregender Pose auf der Kühlerhaube dargestellt ist, so soll im Mann, der diese Werbung betrachtet, der Eindruck geweckt werden, mit dem Eigentum am Auto erhalte er auch gerade das Eigentum am Körper der Frau, was dann das Auto um so begehrenswerter erscheinen läßt. Eine solche Reklame fördert in diesem Mann das Eigentumsdenken gegenüber Frauen und damit überhaupt die Gewaltanwendung gegen Frauen. Wen kann es noch wundern, wenn der Mann, der ständig mit derartiger Werbung berieselt wird, fremde Frauen und vor allem das weibliche Servierpersonal belästigt, weil er mit der Zeit annimmt, Frauen, und insbesondere weibliche Körper, seien Allgemeingut der Männer?

Gewaltanwendung gegenüber Frauen ist ein Bestandteil unserer Kultur, in welcher immer noch Ansätze dazu vorhanden sind, daß Frauen körperliches Eigentum von Männern darstellen. Im Privatbereich werden Frauen von Männern geschlagen, Vergewaltigung gibt es innerhalb und außerhalb des Privatbereichs. Gewalt gegenüber Frauen findet aber auch im Vorstadium der eigentlichen Tätlichkeit statt: Wenn Frauen als reine Sexualobjekte betrachtet und dargestellt werden, wenn sich Männer für berechtigt halten, fremde Frauen zu belästigen, ist dies ebenfalls ein Ausdruck des Eigentumsdenkens gegenüber Frauen.

Die stille Rache der Frauen

Nach dem gesunden Volksempfinden haben in der Frauenwelt die Frauen das Sagen. Andererseits haben wir eben festgestellt, daß auch im Privatbereich Frauen der Gewaltanwendung durch Männer ausgesetzt sind. Geschieht also in der Frauenwelt beides, daß Männer Frauen und daß Frauen Männer tyrannisieren?

Manchmal führt ein Gespräch zum Thema «Benachteiligung von Frauen». Nach einigen Sätzen von beiden Seiten sagt mein Gegenüber etwa folgendes: «Wissen Sie, meine Frau und ich, wir haben diese Probleme überhaupt nicht, wir haben miteinander einfach abgemacht, daß wir diese Frage so und so regeln wollen, und meine Frau findet das ausgezeichnet. Das ist dann doch wirklich keine Benachteiligung mehr. Ich weiß nicht, ob es heute noch richtig ist, von Benachteiligung der Frauen zu sprechen.» Oder: «Benachteiligung von Frauen ... schon recht. Aber jetzt muß ich Ihnen einmal etwas erzählen. Mein Nachbar in der unteren Wohnung ist völlig, aber auch wirklich restlos unter dem Pantoffel seiner Frau. Wissen Sie, wie weit das geht? Der kann nicht einmal mehr seine eigenen Freunde sehen, und wenn er im Geschäft seine Ferien anmelden sollte, dann muß er sagen, er könne das noch nicht, weil sich seine Frau immer erst kurzfristig entschließe, wann sie in die Ferien wolle. Sie können sich vorstellen, wie der im Büro ausgelacht wird ... und wie das bei denen zu Hause tönt, das sollten Sie einmal hören! ... von ihm hört man nie etwas. Sie müssen schon sehen, es gibt auch benachteiligte Männer.»

Aus solchen Diskussionen, die ich schon häufig gehabt habe, ziehe ich verschiedene Schlüsse: Die meisten Leute sind anfänglich nicht fähig, beim Thema «Stellung von Frau und Mann» von ihrer individuellen Situation oder von Beobachtungen in der nächsten Umgebung abzusehen. Weil sie ja selber eine Frau oder ein Mann sind, glauben sie erstens, dieses Thema in seiner ganzen Tragweite beurteilen zu können, und zweitens am besten dadurch, daß sie ihre eigene Situation oder diese Beobachtungen als allgemeingültig betrachten. Nach meiner Erfahrung sind Männer in dieser Hinsicht anfälliger als Frauen, sie erliegen der Versuchung schneller, ihre persönliche Situation für allgemeingültig zu erklären. Vielleicht liegt das einfach daran, daß Männer überhaupt mehr gewohnt und deshalb schneller bereit sind, allgemeine Erklärungen zur Weltlage abzugeben, während Frauen wegen ihrer Frauenwelt-Prägung eher dazu neigen, ihre Erfahrungen für individuell zu halten. Männer machen mir manchmal den Eindruck, jeder betrachte sich nur schon deshalb als Spezialist in sogenannten «Frauenfragen», weil er schon einmal eine Frau etwas näher kennengelernt hat ...

Daß dies so abläuft, bringt noch ein anderes Problem: In der Öffentlichkeit oder auch in Diskussionen im privaten Kreis zu diesem Thema treten vor allem jene Leute in den Vordergrund und äußern ihre Meinungen, die sich stark und sicher fühlen, und dies häufig deshalb, weil ihre persönliche Situation als Frau oder Mann für sie eine befriedigende ist. Diejenigen Leute, denen ihre Situation als Frau oder als Mann zu schaffen macht, und die unter ihren persönlichen Verhältnissen zu leiden begonnen haben, werden dadurch zunächst einmal geschwächt und ziehen sich meistens aus großen Diskussionen zurück, weil sie unsicher geworden sind. Der erste Gesprächspartner, den ich vorhin beschrieben habe, hätte mir sicher nicht gesagt «Benachteiligung der Frauen? ... ja, das ist ein Problem, das mich immer mehr beschäftigt. Meine Frau spricht immer wieder davon, und ich weiß gar nicht, was ich in solchen Diskussionen sagen soll.» Wenn er wirklich diese Meinung gehabt hätte, und wenn ihn diese Frage wirklich tiefgreifend beschäftigt hätte, so hätte er möglicherweise geschwiegen. Genau aus diesen Gründen haben in solchen, meist recht oberflächlich geführ-

ten Gesprächen, häufig diejenigen Leute die Oberhand, für die «die Welt in Ordnung ist», die «es geschafft haben».

Wer ein Monopol auf einer Sache hat, wer also allein über die Produktion und den Preis dieser Sache bestimmen kann, ist in der Lage, sich rar zu machen, und die Leute, die auf diese Sache angewiesen sind, zu tyrannisieren. Die erdölproduzierenden Länder und die Ölgesellschaften beispielsweise haben diese Möglichkeit, denn alle Welt ist auf Öl angewiesen, sie können den Hahn beliebig auf- und zudrehen und die Preise festlegen. Natürlich ist das ein unschöner Vergleich, aber warum eigentlich sollen wir es nicht darstellen, so wie es tatsächlich ist? Je mehr die weiblich definierten Eigenschaften der Frauenwelt delegiert werden, desto mehr haben die Frauen ein Monopol darauf. Damit ist noch nicht gesagt, ob die Frauen mit diesem Monopol glücklich sind oder nicht. Sie haben auch weitgehend das «Monopol» auf Hausarbeit. Während es aber eher selten vorkommt, daß Frauen den Männern die Versorgung mit Hausarbeit verweigern – vor allem wenn Kinder da sind, die ja darunter auch zu leiden hätten –, so ist es häufiger, daß Frauen den Männern die weiblich definierten Eigenschaften wie Geborgenheit, Zärtlichkeit, das Schaffen der Atmosphäre zum «Auftanken» entziehen. Ich brauche hier nicht lange darzustellen, wie sich das konkret abspielen kann: Xanthippe, die Frau des Sokrates, hat über Jahrhunderte hinweg dafür herhalten müssen, als Symbolfigur für diese stille Rache der Frauen in der Frauenwelt mißbraucht zu werden, obwohl ihr dadurch sicher sehr viel Unrecht geschehen ist.

Es gibt andererseits Frauen, die sich die wirtschaftliche Versorgung aus der Männerwelt zu Nutze zu machen wissen. Das ist allerdings nur für jene Frauen möglich, die sich mit einem wirtschaftlich leistungsfähigen Ernährer zusammengetan haben, also beschränkt sich diese Erscheinung weitgehend auf mittlere und obere Einkommensschichten. In der Schweiz geschieht dies meistens so, daß einer Frau bei der Scheidung praktisch kein schuldhaftes Verhalten nachgewiesen werden kann, während dies für den Mann der Fall ist, zum Beispiel weil er einen sogenannten «Ehebruch» begangen hat. In dieser Situation kann es zu einem recht eigentlichen Loskauf kommen: Die Frau läßt den Mann springen, wenn er ihr finanziell genügend anbietet. Oder die Frau willigt in eine Scheidung nicht ein, lebt aber vom Mann getrennt und stellt hohe finanzielle Ansprüche. Muß der Mann sehr viel mehr bezahlen, als die Frau zum Leben effektiv nötig hätte, so ist dies ziemlich stoßend und bedeutet eine Ausbeutung des Mannes durch die Frau. Schuld an solchen Verhältnissen tragen allerdings nicht die betreffenden Frauen, sondern es ist ein Problem des Scheidungsrechtes.

In der Frauenwelt gibt es noch andere unschöne Dinge, die zerstörerische Züge annehmen. Frauen stellen übermäßige Ansprüche an ihre Kinder, sie «besitzen» die Kinder gleichsam ... vielleicht deshalb, weil es etwas vom wenigen ist, das sie «besitzen» können? Oder sie «besitzen» ihre Männer, verlangen von ihnen berufliche Karriere und übermäßige Leistungen, um durch das gewonnene Ansehen und Einkommen des Mannes ihr Ansehen als Ehefrau zu vermehren ... vielleicht deshalb, weil das ihre einzige Möglichkeit ist, eigenes Ansehen zu gewinnen? Ich bin völlig einverstanden: Diese Dinge gibt es längst nicht überall. Dennoch ist die Frauenwelt bei weitem nicht so heil, wie sie immer dargestellt wird. Es gibt in der Frauenwelt eben nicht nur Geborgenheit, Zärtlichkeit, Mitmenschlichkeit und was der weiblich definierten Wertvorstellungen mehr sind. Es gibt darin sehr viel Besitzesdenken, lebensfeindliche Aggressionen und andere zerstörerische Erscheinungen. Erwachsene schikanieren sich gegenseitig, Eltern mißhandeln ihre Kinder, Jugendliche müssen sich regelrecht von zu Hause losreißen, weil die Eltern sie nicht gehen lassen wollen. Das sind nicht nur einzelne Vorkommnisse, und sie können nicht einfach den Beteiligten angelastet werden. Vielmehr liegt es in der Art und Weise, wie wir die Frauenwelt und die Männerwelt organisiert haben.

Was nützt es, wenn als Gegenbeispiel für eine Situation, in welcher ein Mann seine Frau tyrannisiert, eine andere Situation geschildert wird, in welcher eine Frau den Mann tyrannisiert? Solche Situationen müssen im Zusammenhang gesehen werden. So wie die Frauenwelt organisiert ist, scheint sie einfach ziemlich geeignet zu sein, daß sich Leute gegenseitig tyrannisieren. Die stärkere Person dominiert immer die schwächere, wobei klar festzustellen ist, daß Frauen häufiger von Männern tyrannisiert werden als umgekehrt. Aber es kann sich überschneiden: Der Mann tyrannisiert die Frau, indem er ihr nicht genügend Haushaltungsgeld gibt, und die

Frau rächt sich dafür in vielen kleinen Situationen des täglichen Zusammenlebens. Die Frauenwelt wird wohl nur deshalb so heil dargestellt, weil sie der Männerwelt letztlich als Alibi dient.

In der Männerwelt können sich Frauen schlecht wehren, da sie dort in die Minderwertigkeit abgedrängt werden. In der Frauenwelt hingegen können sie sich wehren, weil das als ihre Domäne anerkannt wird, und da können sich für Männer verschiedene Dinge rächen. Es kann sich rächen, daß die weiblich definierten Eigenschaften vollumfänglich der Frauenwelt delegiert worden sind, denn Frauen haben es durchaus in der Hand, die Grundlagen zum Auftanken der Männer einfach nicht mehr zu liefern. Oder es kann sich rächen, daß individuelle Männer die ausschließliche wirtschaftliche Versorgung der Frauenwelt übernommen haben, denn unter bestimmten wirtschaftlichen Voraussetzungen, die allerdings längst nicht auf alle Frauen und Männer zutreffen, haben es Frauen durchaus in der Hand, Männer finanziell auszubeuten.

Gewalt und Zerstörung als Prinzip

Wir haben im ersten Kapitel Verschiedenes gefunden, worin sich Frauenwelt und Männerwelt ganz wesentlich unterscheiden. Frauenwelt findet im Privatbereich statt, Männerwelt außerhalb des Privatbereiches. Frauenwelt bedeutet unwirtschaftlich, Männerwelt bedeutet wirtschaftlich. Die Frauenwelt ist lebensfreundlich, die Männerwelt dagegen lebensfeindlich. Mit diesen Gegensatzpaaren läßt sich zeigen, daß die Frauenwelt völlig durch die Männerwelt dominiert wird.

Daß «wirtschaftlich» immer stärker ist als «unwirtschaftlich», dürfte wohl unbestritten sein. Ob und wieviel Geld von der Männerwelt in die Frauenwelt fließt, wird allein in der Männerwelt bestimmt. Leute, die sich nach der Decke strecken müssen, haben immer weniger Möglichkeiten und letztlich weniger Macht als andere, die über große Mittel verfügen, denn zwischen Geld und Macht besteht bekanntlich ein Zusammenhang. Dies gilt vor allem innerhalb der Männerwelt, aber auch im Verhältnis zwischen den beiden Welten: Nur eine zur Männerwelt gehörende Person hat es in der Hand zu bestimmen, was vom wirtschaftlichen her gesehen in der Frauenwelt passieren soll. Der Ernährer kann der nichterwerbstätigen Frau jederzeit die wirtschaftliche Versorgung kürzen oder ganz verweigern, indem er zum Beispiel gar nicht mehr erwerbstätig ist oder sich absetzt. Natürlich ist das «verboten» und er dürfte es nach allgemeinen Moralbegriffen nicht tun, aber tun kann er es trotzdem. Und für die Gesamtheit der Frauenwelt gilt dasselbe: Wieviel Geld überhaupt in die Frauenwelt fließen kann, wie hoch die Löhne sind, ob Frauen aus wirtschaftlichen Gründen erwerbstätig sein müssen oder nicht, das alles wird in der Männerwelt bestimmt. Die Frauenwelt hat zum Beispiel auch dazu nichts zu sagen, wo Wohnungen gebaut werden – wo sich die Frauenwelt mit andern Worten abspielen kann –, denn alle Entscheide zu diesen Fragen werden in der Männerwelt gefällt, in Kommissionen, Parlamenten und anderen Männerweltgremien. Das «Wirtschaftliche» dominiert das «Unwirtschaftliche» immer.

Das «Private» hat sich immer nach dem «Nichtprivaten» zu richten. Berufswelt und Schule nehmen auf die Bedürfnisse des «zu Hause» keine Rücksicht. Bekannt sind die täglichen Fahrpläne von Hausfrauen: Der Mann muß das Morgenessen um 6 Uhr haben, weil seine Arbeit um 7 Uhr beginnt. Um 8 Uhr geht das erste Kind zur Schule, um 9 Uhr das zweite, um 10 Uhr kommt das erste zurück, um 11 Uhr das zweite, um 12 Uhr muß das Mittagessen gekocht sein etc. Die Frauenwelt ist für die Männerwelt da, sie dient ihr als «Infrastruktur». Oder kann es sich ein Mann mit beruflichen Karriereabsichten leisten, beim Arbeitgeber für einen Vormittag frei zu verlangen, weil eines seiner Kinder erkrankt ist? Offensichtlich nicht. Die Männerwelt verlangt ein durchorganisiertes Privatleben, das rund läuft und nicht unliebsam in Erscheinung tritt. Der Arbeitnehmer mit dem kranken Kind muß sich halt irgendwie einrichten, entweder mit einer Ehefrau oder mit einer Freundin oder mit Hausangestellten. Das «Nichtprivate» dominiert das «Private» immer.

Genauso verhält es sich mit dem Gegensatzpaar «lebensfreundlich / lebensfeindlich». Die Mutter, die in der Frauenwelt ihr Kind erzieht, hat gar nicht die Möglichkeit, dem Kind vor allem weiblich definierte, lebensfreundliche Wertvorstellungen mit auf den Weg zu geben. Wenn sie das Kind davor bewahren will, daß es später in der Welt «draußen» untergeht, muß sie ihm statt Gemeinschaftsdenken ein gutes Stück Konkurrenzdenken mit auf den Weg geben, sie muß es darauf vorbereiten, daß die Welt lebensfeindlich ist und wie es sich darin behaupten kann. Die Männerwelt beutet Natur und Menschen aus: Die Menschen werden nachher zum Auftanken wieder in die Frauenwelt zurückgeschickt, die Natur wird ausgebeutet liegengelassen. Kann die Frauenwelt an dieser Tatsache irgend etwas ändern? Hat sie die Möglichkeit, ihre Lebensfreundlichkeit diesen Vorgängen entgegenzustellen? Hat sie zum Beispiel etwas dazu zu sagen, wie und wo Straßen gebaut werden und wie lebensfeindlich der Verkehr über diese Straßen geführt wird? Erst wenn wir aber die weltweiten Auswirkungen der Lebensfeindlichkeit betrachten, wird uns vollends bewußt, wie verhängnisvoll und bedrohlich es ist, daß die Frauenwelt und die an sie delegierte Lebensfreundlichkeit derart von der Männerwelt beherrscht werden.

Das Wissen um die weltweite Vergiftung von Menschen und Natur wird glücklicherweise immer allgemeiner verbreitet. Im Bestreben nach Rentabilität und danach, dem Boden immer größere Erträge abzugewinnen, haben wir die Natur über lange Jahre hinweg mit Giften belastet, deren Auswirkungen noch Jahrzehnte weiterbestehen werden und von denen wir nicht wissen, inwieweit sie Lebewesen und uns selbst letztlich zugrunde richten. Desgleichen hat das Wissen um die Gefahren der Atomtechnologie weite Kreise erreicht, und es sind breite Bewegungen gegen die Weiterausdehnung dieser lebensfeindlichen Gefährdung von Menschen und Natur entstanden. Weniger weit verbreitet ist leider noch das Wissen um die lebensfeindlichen Auswirkungen unserer Ernährung auf die weltweite Ernährungslage: Wenn der Fleischkonsum in den hochentwickelten Ländern ständig zunimmt, wie dies heute der Fall ist, und wenn wir für unsere Nutztiere pflanzliche Futtermittel verwenden, die wir teilweise sogar aus unterentwickelten Ländern importieren, so leisten wir damit unseren direkten und wirksamen «Beitrag» zur Verschärfung des Welthungerproblems. Im Zusammenhang mit der Welternährungslage gäbe es noch manches Beispiel. Noch deutlicher führen uns aber die weltweite Rüstung und die daraus entstehenden Kriege die Lebensfeindlichkeit der Männerwelt vor Augen. Daß Kriege eine Angelegenheit der Männerwelt sind, dürfte wohl nicht bestritten sein. Die Frauenwelt hatte in Kriegen immer nur die Funktion, karitative weiße Engel in das wüste Geschehen hinauszusenden, die den Männern wieder auf die Beine halfen, damit der Krieg weitergehen konnte.

Alle diese lokalen und weltweiten «Mißgeschicke», die der Männerwelt immer wieder unterlaufen, sind kein Zufall. Die ganze Sache hat System, indem der Männerwelt das Prinzip der Zerstörung und Gewaltanwendung zugrunde liegt. Deshalb sind es eben gar keine Mißgeschicke, sondern diese Abläufe des Geschehens liegen ganz klar in den Wertmaßstäben der Männerwelt begründet; denn sie verachtet letztlich die Menschen und die Natur, sie verachtet das Leben überhaupt, sie ist ständig damit beschäftigt, Leben zu vernichten, und dies geschieht in einer einzigen großen Gewaltanwendung. Wenn Stärkere die Schwächeren zwingen, Dinge zu tun, die sie ohne diesen Zwang nicht tun würden, wenn sie die Schwächeren in wirtschaftlicher Abhängigkeit halten, wenn sie ihre Freiheit beeinträchtigen, sie aushungern, sie foltern oder töten, dies alles ist Gewaltanwendung. Gewalt kann ganz verschiedene Formen haben, es gibt nicht nur die körperliche Gewalt oder Waffengewalt, es gibt auch psychische Gewalt oder es gibt wirtschaftliche Gewalt, die in den Strukturen der Wirtschaft begründet ist. Eine solche stellt zum Beispiel der weltweite Handel mit Nahrungsmitteln zwischen den hochentwickelten und den unterentwickelten Ländern dar.

Und hier schließt sich nun der Kreis zur Minderwertigkeit der Frauen und zur Gewalt gegen Frauen. Wo immer kriegerische Auseinandersetzungen sind, steigt die Gewalt gegen Frauen sprunghaft an. Massenvergewaltigungen und in der Folge davon Massenmorde an Frauen gab es in Kriegen immer und gibt es heute noch. Minderwertigkeit der Frauen, Verachtung gegenüber Frauen und Gewaltanwendungen gegen Frauen hängen eng zusammen mit Verachtung gegenüber den Menschen und dem Leben überhaupt, mit dem Prinzip von Gewalt und Zerstörung.

Weil die Männerwelt vom Prinzip der Gewaltanwendung beherrscht wird, verlangt sie von der Frauenwelt, daß sie eine «heile Welt» sei, ein Klima ohne Aggressionen, eine Hochburg der «Weiblichkeit». Und genau das soll der Männerwelt dann erlauben, «unheil», lebensfeindlich zu sein und der Gewaltanwendung zu huldigen. Frauenwelt und Männerwelt stehen aber nicht gleichwertig nebeneinander. Und weil die Frauenwelt von der Männerwelt in allen Bereichen völlig dominiert wird, ist diese Aufteilung der Wertvorstellungen einzig und allein eine großangelegte Lüge. Die Männerwelt hat die Frauenwelt völlig in der Hand, und sollte sie sich in ihrer Verherrlichung der lebensfeindlichen Aggressivität eines Tages selbst zerstören – dazu gibt es viele Möglichkeiten –, so geht die Frauenwelt notwendigerweise mit ihr unter. Dann dürfte es ihr wenig nützen, daß sie rein, heil und in unendlicher Weiblichkeit untergeht.

Das «Nichtprivate» dominiert das «Private», das «Wirtschaftliche» dominiert das «Unwirtschaftliche», das «Lebensfeindliche» dominiert das «Lebensfreundliche». Die Männerwelt drängt die Frauenwelt immer mehr auf Inseln zurück. Wenn weiblich definierte Wertvorstellungen in der Männerwelt so systematisch unterdrückt werden, führt das zu einer immer bedrohlicheren Zerstörung und Selbstzerstörung. Und in diese Zerstörung werden notwendigerweise auch die Inseln der Frauenwelt miteinbezogen.

Lauter halbe Menschen?

Wir alle sind darauf getrimmt, gewisse Eigenschaften, die irgendwann einmal als zu unserem Geschlecht passend definiert worden sind, in uns zu fördern und zu entwickeln. Und wir alle sind darauf getrimmt, gewisse Eigenschaften, die irgendwann einmal als nicht zu unserem Geschlecht passend definiert worden sind, in uns zu unterdrücken. Wir sind, mit andern Worten, alle darauf getrimmt, nur die Hälfte von alldem, was in uns sein könnte, in uns überhaupt nur zu spüren, zu erkennen, zu fördern, zu entwickeln und auszuleben. Im Prinzip werden wir zunächst einmal alle zu Männlichkeits- und Weiblichkeitskrüppeln erzogen.

Warum das so sein muß, wurde schon wiederholt gesagt. Wenn die Welt funktionieren soll, so wie sich das die Männerwelt-Gewaltigen vorstellen, so braucht sie männliche Männer, die diese Welt «vorantreiben». Und damit das auch richtig geschehen kann, damit diese Männer auch recht gut ihre Männlichkeit pflegen können, braucht es als Gegenpol die Frauenwelt. Das alles funktioniert also nur, wenn es eine gewisse und nicht kleine Zahl von Männlichkeitskrüppeln und Weiblichkeitskrüppeln gibt. Viele von uns müssen bei alldem einen großen Teil von sich brach liegen lassen oder sogar richtiggehend unterdrücken. Aber was schert es die lebensfeindliche Männerwelt, ob sie aus den Menschen halbe Menschen macht?

Es hat immer einzelne Menschen gegeben, die dieses Krüppelstadium überwunden haben. Einige finden wir sicher bei den Dichterinnen und Dichtern, bei den Philosophinnen und Philosophen, bei Leuten, die es sich leisten konnten, die Weiblichkeits- und Männlichkeitsgrenzen zu überschreiten. Es gibt diese Leute aber auch sonst, ohne daß sie groß ins Rampenlicht treten würden. Es sind Menschen, die das Bedürfnis haben, alle ihre Fähigkeiten und Eigenschaften zu entwickeln, ob sie nun weiblich oder männlich definiert seien, und bei denen dieses Bedürfnis so stark ist, daß es alle Zwänge und Prägungen von außen eines Tages überwindet. Damit das überhaupt geschehen kann, braucht es einige Privilegien: Es braucht eine relativ starke Persönlichkeit, es braucht günstige äußere Lebensumstände, die diese starke Persönlichkeit überhaupt haben entstehen lassen, es braucht weiter eine gewisse Unabhängigkeit von der Umwelt, und zwar in materieller und personeller Hinsicht... was nützt es der doppeltbelasteten Verkäuferin mit einem tyrannisch männlichen Ehemann und drei Kindern zu Hause, daß sie das Krüppelstadium überwinden möchte? Die äußeren Lebensumstände sprechen zu 99 % dagegen, daß ihr dies gelingt.

Leute, die dieses Krüppeldasein nicht akzeptieren, sind bedrohlich. Bedrohlich werden sie vor allem für alle jene, die stark von Weiblichkeitsvorstellungen und von Männlichkeitsvorstellungen geprägt sind. Sie bedrohen also nicht nur die typischen Vertreterinnen und Vertreter der Männerwelt, sondern sie bedrohen auch die typischen Vertreterinnen der Frauenwelt. Ausgeprägte Männlichkeits- und Weiblichkeitskrüppel wissen in der Regel haargenau, was natürlich und was nicht natürlich ist, was die Natur will und was sie nicht will. Sie haben eine genaue Vorstellung, was naturgegeben sei – wobei sie dann ausgehend vom «Naturgegebenen» auch sehr rasch beim «Gottgewollten» sind, wenn die Begründung mit der Natur etwas zu wackelig wird. Diejenigen unter ihnen, die den Sprung zum Gottgewollten machen, wissen offenbar auch ziemlich genau oder wenigstens annähernd, was Gott will und was er (oder sie?) nicht will. Ausgeprägte Männlichkeits- und Weiblichkeitskrüppel haben die Tendenz, alles zu bekämpfen, was ihren Weiblichkeits- und Männlichkeitsvorstellungen nicht entspricht, denn was nicht sein kann, darf offenbar nicht sein. In dieses Kapitel fällt auch die Diskriminierung von Homosexuellen beiderlei Geschlechts. Homosexualität stellt die traditionellen Vorstellungen darüber in Frage, was weiblich und was männlich sei, und insbesondere inwieweit sich weiblich und männlich notwendigerweise ergänzen müssen, und zwar längst nicht nur auf der Ebene der sexuellen Beziehungen.

Mit Absicht habe ich bei den Bedrohten aus der Frauenwelt nur die typischen Vertreterinnen genannt. Die wenigen Männer, die zu Repräsentanten der Frauenwelt geworden sind, fühlen sich von Leuten nämlich gar nicht bedroht, die das Krüppeldasein überwinden. Diese Männer haben den Mut gehabt, sich sogar nach außen sichtbar in die «Minderwertigkeit» zu begeben, während es bei den Frauen, die sich Männerwelt-Maßstäben zugewandt haben, gerade umgekehrt ist, ein an sich verständlicher Fluchtversuch aus der Minderwertigkeit heraus.

Wenn eine Frau diejenigen Fähigkeiten und Eigenschaften in sich unterdrücken muß, die traditionell als männlich definiert worden sind, ist sie nur ein halber Mensch. Wenn ein Mann diejenigen Fähigkeiten und Eigenschaften in sich unterdrücken muß, die traditionell als weiblich definiert worden sind, ist er nur ein halber Mensch. Ist eine Welt voller Männlichkeitskrüppel und Weiblichkeitskrüppel überlebensfähig?

4 Überwindung der Spaltung in Frauenwelt und Männerwelt

Dieses vierte Kapitel möchte eine Antwort auf das vorangehende sein, es befaßt sich also mit den Wertmaßstäben. Im fünften Kapitel wird dann eine Antwort auf die Fragen des zweiten Kapitels gesucht, die sich aus der Organisation unseres Zusammenlebens und der Verteilung der Arbeit ergeben.

Befreiung der Lebensfreundlichkeit aus dem Privatbereich

Die Zusammenhänge, die im vorangehenden Kapitel beschrieben worden sind, gibt es schon sehr lange. Und sie haben schon immer zu unmenschlichen Verhältnissen geführt. Aber in keiner früheren Zeit waren die möglichen Folgen dieser Verhältnisse so gravierend. Erst in jüngster Zeit ist es wirklich in den Bereich des Möglichen gerückt, daß sich unsere Welt durch den Einsatz ihres Waffenarsenals selbst zerstört, oder daß die Menschen in absehbarer Zeit nicht mehr überleben können, weil sie die Natur allzu unverantwortlich ausgebeutet haben. Daß Mitmenschlichkeit, unwirtschaftliches Denken und Lebensfreundlichkeit weiblich definiert worden sind, daß diese Wertmaßstäbe den Frauen delegiert worden sind, daß sie in der alles dominierenden Männerwelt als minderwertig gelten und ihre Trägerinnen, die Frauen selbst, auch als minderwertig gelten, dies alles nimmt nun plötzlich Dimensionen an, die ganz grundsätzlich an unsere Existenz gehen. Es ist nicht nur höchste Zeit, sich mit diesen Zusammenhängen zu befassen, sondern es ist auch höchste Zeit herauszufinden, wie sich das alles verändern läßt. Nur entscheidende, grundlegende Veränderungen können uns vor den radikalen, zerstörerischen Folgen bewahren, die in jüngster Zeit in den Bereich des Möglichen gerückt sind. Oder anders gesagt: Die Konsequenzen, die eintreten könnten, wenn wir die Verbannung der weiblich definierten Wertvorstellungen weiterhin zulassen, sind so radikal, daß nur radikale Veränderungen uns vor diesen möglichen Konsequenzen bewahren können.

Wenn die weiblich definierten Wertvorstellungen der Lebensfreundlichkeit aus ihrer Verbannung heraustreten sollen, so müssen wir sie zunächst einmal aus dem Privatbereich befreien. Ein erster Ansatzpunkt liegt somit beim Gegensatzpaar «privat/nichtprivat». Wir müssen nach Wegen suchen, die Spaltung in «privat» und «nichtprivat» zu überwinden, damit die Lebensfreundlichkeit nicht mehr in den Privatbereich abgeschoben werden kann.

In diesem Zusammenhang ist es wichtig, vorweg etwas klarzustellen. Bei einer Diskussion mit dem Thema «Überwindung der Spaltung in ‹privat› und ‹nichtprivat›» tauchen meistens diverse Schreckgespenste am Horizont auf, Schreckgespenste wie «Kollektivierung», «staatliche Regelung des Privatlebens» und ähnliches. Was immer es mit diesen Schreckgespensten auf sich haben mag, und wer immer sie kreiert haben mag – aus welchen Interessen auch immer –, darum kann es hier nicht gehen. Daß jeder Mensch seinen Privatbereich braucht, steht außer Zweifel.

Wenn wir den Gegensatz zwischen «privat» und «nichtprivat» in einer den menschlichen Bedürfnissen entsprechenden Weise überwinden wollen, und dies mit der Zielsetzung, die weiblich definierten Wertvorstellungen aus dem Privatbereich zu befreien, so gibt es nur den Ausweg, daß wir alle Menschen für ein Stück Privatbereich und für ein Stück nichtprivaten Bereich verantwortlich werden lassen.

Warum eigentlich? Bestünde nicht auch die Möglichkeit, daß die Leute in der nichtprivaten Welt die weiblich definierten Wertvorstellungen einfach wieder ernster nehmen würden? Diese Möglichkeit gibt es praktisch nicht: Die Personen, die heute die Frauenwelt und damit den Privatbereich repräsentieren, sind fast ausschließlich Frauen. Die Verknüpfung der weiblich definierten Wertvorstellungen mit dem Geschlecht «Frau» ist so tief verankert, daß es ohne das Hinaustreten der Frauen in die Öffentlichkeit nie möglich sein wird, diese verhängnisvolle Verknüpfung aufzulösen. Solange die für den Privatbereich zuständigen Personen vorwiegend Frauen sind, solange wird es nicht möglich sein, die weiblich definierten Wertvorstellungen aus dem Privatbereich zu befreien. Und solange es die

«Inseln der Weiblichkeit» gibt, solange wird die Männerwelt die weiblich definierten Wertvorstellungen dahin verbannen. Sobald hingegen der Privatbereich von Frauen *und* von Männern repräsentiert wird, gibt es diese Inseln der Weiblichkeit nicht mehr.

Die Überwindung der personellen Spaltung in «privat» und «nichtprivat» ermöglicht nicht nur das Hinausdringen der Lebensfreundlichkeit in den nichtprivaten Bereich, sondern sie hat auch positive Konsequenzen für die einzelnen Menschen. Die heutige Situation, in welcher eine Person entweder vor allem für den Privatbereich oder vor allem für den nichtprivaten Bereich zuständig ist, entspricht den menschlichen Bedürfnissen nämlich wenig. Es ist genauso unmenschlich, in den Privatbereich eingesperrt zu sein, wie es unmenschlich ist, aus dem Privatbereich ausgesperrt zu sein. Zwar sind die Menschen unterschiedlich, bei den einen mag das Bedürfnis nach «draußen» etwas stärker sein, und bei den andern das Bedürfnis nach «drinnen», aber jeder Mensch kennt beide Bedürfnisse. Wenn es uns gelingt, alle Menschen für beide Bereiche zuständig zu machen, so schaffen wir für diese Menschen auch individuell eine befriedigendere Situation.

Nun könnte jemand mit großem Scharfsinn bemerken, wenn das so sei, so hätten es ja eigentlich die doppeltbelasteten Frauen heute am besten, für sie sei diese Situation ja schon Wirklichkeit geworden. Diese Überlegung geht natürlich daneben: Zwar stimmt es, daß die doppeltbelasteten Frauen «drinnen» und «draußen» sind, aber sie können zu diesen beiden Bereichen nur halb gehören. Die ernst zu nehmende Zugehörigkeit zur Männerwelt verlangt heute, daß eine Person vollumfänglich zur Männerwelt gehört und daß die «Frauenwelt-Infrastruktur» von anderen Personen geliefert wird. Die wirkliche Zugehörigkeit zur Frauenwelt setzt heute ebenfalls voraus, daß eine Person vollumfänglich zur Frauenwelt gehört, weil nur jene Frauen «echte» Frauen sind. Doppeltbelastete Frauen können beiden Anforderungen nicht gerecht werden, sie sind weder Fisch noch Vogel, weil sie weder zum einen noch zum andern gehören.

Die befriedigende Situation der Zugehörigkeit zum «Drinnen» und zum «Draußen» kann hingegen erst dann entstehen, wenn es zum Normalfall wird, daß dieselbe Person für ein Stück Privatbereich und ein Stück nichtprivaten Bereich verantwortlich ist.

Die Überwindung der Spaltung in Frauenwelt und Männerwelt erfordert zunächst, daß wir den Gegensatz «privat/nichtprivat» überwinden. Das heißt nicht, daß es keinen Privatbereich mehr gibt, sondern es heißt, daß alle Menschen sowohl für den Privatbereich als auch für den nichtprivaten Bereich sorgen, und daß auch jede einzelne Person ihre beiden Bedürfnisse befriedigen kann, das Bedürfnis nach «draußen» und das Bedürfnis nach «drinnen». Nur so kann es gelingen, die weiblich definierten Wertvorstellungen aus ihrer Verbannung in den Privatbereich zu befreien. Und länger können wir es uns nicht mehr leisten, die Lebensfreundlichkeit in den Privatbereich zu verbannen.

Entmachtung der Lebensfeindlichkeit

Das nächste Gegensatzpaar, dem wir uns zuwenden müssen, heißt «unwirtschaftlich/wirtschaftlich». Weiblich definierte Wertvorstellungen sind nicht nur untrennbar mit dem Geschlecht «Frau» verknüpft, sondern sie sind definitionsgemäß auch immer mit Unwirtschaftlichkeit, mit dem «Nicht-rentieren-müssen» gekoppelt.

Es gibt verschiedene Gründe, warum wir Wege finden müssen, den Gegensatz zwischen «unwirtschaftlich» und «wirtschaftlich» zu überwinden. Zunächst aber auch hier eine Klarstellung: Die Überwindung dieses Gegensatzes kann nicht so geschehen, daß wir den unwirtschaftlichen Bereich abschaffen würden, daß wir also etwas grob gesagt dekretieren würden: «Ab heute wird nur noch bezahlt gearbeitet.» Es gibt viele Dinge, die nur in einem unwirtschaftlichen Klima entstehen können, viele Dinge, die effektiv nicht «geldwert» sind, und die ganz wesentlich zur Ideenvielfalt und zum eigentlichen unwirtschaftlichen Reichtum in unserem Leben beitragen.

Auch umgekehrt geht es nicht, daß wir versuchen würden, den wirtschaftlichen Bereich abzuschaffen. Wirtschaftliche Bezüge gibt es nun einmal, da wir nicht ins Zeitalter des Tauschhandels zurück können, und übrigens würde auch der Tauschhandel wirtschaftliche Beziehungen voraussetzen. Wir kommen nicht darum herum, mit wirtschaftlichen Bezügen zu leben, es fragt sich nur, wie wir sie ausgestalten. Der Ansatzpunkt für die Diskussion, wie der Gegensatz zwischen «unwirtschaftlich» und «wirtschaftlich» überwunden werden könnte, kann also weder in der Abschaffung des Unwirtschaftlichen noch in der Abschaffung des Wirtschaftlichen liegen.

Die Überwindung des Gegensatzes «unwirtschaftlich/wirtschaftlich» muß im Prinzip genau gleich geschehen wie die Überwindung «privat/nichtprivat». Die Menschen sollen nicht mehr aufgeteilt werden in solche, die sich mit dem Wirtschaftlichen zu befassen haben, und solche, die sich mit dem Unwirtschaftlichen zu befassen haben. Es soll nicht mehr wirtschaftliche Wesen und unwirtschaftliche Wesen geben. Solange es Inseln der Weiblichkeit und damit die Inseln der unwirtschaftlichen Wesen gibt, solange werden die weiblich definierten Wertvorstellungen auf diese Inseln verbannt werden, solange wird die Männerwelt diese Inseln zum Vorwand nehmen, damit sie sich um die Maßstäbe der Unrentabilität nicht zu kümmern braucht. Wenn wir die Lebensfreundlichkeit aus ihrer Verbannung befreien wollen, muß also jede Person sowohl für den wirtschaftlichen als auch für den unwirtschaftlichen Bereich gleichermaßen zuständig sein.

Diese Überlegungen führen uns nun aber über die wirtschaftlichen Bezüge hinaus. Das Gegensatzpaar «unwirtschaftlich/wirtschaftlich» steht in engem Zusammenhang mit dem Gegensatzpaar «ohnmächtig/mächtig». Wer zum unwirtschaftlichen Bereich gehört, ist in unserer von der Männerwelt dominierten Welt vor allem einmal ohnmächtig. Weiblich bedeutet nicht nur unwirtschaftlich, es bedeutet gleichzeitig auch ohnmächtig. Wenn wir also den Gegensatz zwischen «wirtschaftlich und unwirtschaftlich» überwinden, tragen wir auch zur Überwindung des Gegensatzes «mächtig und ohnmächtig» bei. Wir lösen die weiblich definierten Wertvorstellungen aus ihrer Verknüpfung mit der Ohnmacht, wir versehen sie mit Macht.

Ist es überhaupt richtig, weiblich definierte Wertvorstellungen mit Macht zu versehen? Das Wort «Macht» tönt negativ, wie in «Großmacht» oder «Kriegsmacht», es ist immer ein wenig mit «Machtmißbrauch» verbunden. Aber mit der Ohnmacht ist es nicht unbedingt besser: Ohnmacht bedeutet «unterdrückt sein» oder «Leiden». Wenn die weiblich definierten Wertvorstellungen weiterhin ohnmächtig bleiben, während die männlich definierten Wertvorstellungen an der Macht sind, kann es nicht besser werden. Eine Befreiung ist nur möglich, wenn wir dem Gegenstück, den männlich definierten Wertvorstellungen ihre Übermacht wegnehmen, wenn wir konsequent gegen die Vormachtstellung dieser Wertvorstellungen ankämpfen ... wobei «Ankämpfen» bereits wieder ein Wort aus dem männlich definierten Bereich ist, und gerade da liegt ein wichtiger Ansatzpunkt: Überzeugungskraft, Durchsetzungswillen, Verwirklichungsdrang, «machen, daß sich etwas verändert», dies alles sind männlich definierte Eigenschaften. Wenn sich diese Eigenschaften mit Lebensfeindlichkeit verbinden, wenn also lebensfeindliche Dinge «durchgesetzt» oder «verwirklicht» werden, so ist dies sehr bedrohlich. Verbinden sich diese Dinge hingegen mit Lebensfreundlichkeit, so ist dies durchaus nicht bedrohlich, sondern befreiend. Wenn zum Beispiel die Anwohner einer Straße aus ihrer Ohnmacht gegenüber den Verkehrsplanungsbehörden heraustreten, sich zusammenschließen und so viel «Durchsetzungskraft» gewinnen, daß die geplante Straßenverbreiterung schließlich doch nicht stattfindet, so ist dies sicher positiv. In diesem Sinne gesehen ist es richtig, zu verlangen, daß die weiblich definierten Wertvorstellungen mit Macht versehen werden müssen. Lebensfeindlichkeit kann nur dann entmachtet werden, wenn sich gewisse weiblich definierte und gewisse männlich definierte Wertvorstellungen verbinden.

Auch hier noch eine Bemerkung aus der Sicht der einzelnen Menschen: Wenn wir den Gegensatz zwischen «unwirtschaftlich und wirtschaftlich» überwinden, indem alle Menschen gleichzeitig zum wirtschaftlichen und zum unwirtschaftlichen Bereich gehören, so schaffen wir auch für den einzelnen Menschen befriedigendere Zustände. Zwei Beispiele können dies verdeutlichen: Seit mehreren Jahren sind Bemühungen im Gange, Erwerbstätige, insbesondere erwerbstätige Männer auf die Pensionierung vorzubereiten, damit sie nicht Gefahr laufen, einen «Pensionierungsschock» zu erleiden. Warum gibt es überhaupt diesen Pensionierungsschock? Nicht nur weil die tägliche Arbeit plötzlich wegfällt, sondern weil es einer beträchtlichen Zahl von Leuten psychisch Mühe zu bereiten scheint, wenn sie vom Zustand eines wirtschaftlichen Wesens in den Zustand eines unwirtschaftlichen Wesens wechseln müssen. Dieses Beispiel will natürlich nicht sagen, daß alle Leute von der Wiege bis zur Bahre erwerbstätig sein sollen, sondern es soll lediglich zeigen, daß Unwirtschaftlichkeit auch das Selbstwertgefühl eines Menschen vermindern kann. Ähnliche Überlegungen spielen bei der Wiedereingliederung von Invaliden eine Rolle: Invaliden werden wenn immer möglich wieder in eine Erwerbsarbeit eingegliedert, und zwar unter Umständen mit recht aufwendigen Maßnahmen. Dies geschieht nicht nur mit der Zielsetzung, die Sozialversicherung möglichst von der Rentenzahlung zu entlasten. Zu einem Teil geschieht es auch deshalb, weil die Erwerbstätigkeit für das Selbstwertgefühl der Invaliden sehr wichtig sein kann, das heißt, für das Gefühl, durch die Invalidität nicht vollständig zu einem unwirtschaftlichen Wesen geworden zu sein. Manchmal staune ich darüber, mit welcher Selbstverständlichkeit die Wiedereingliederung Invalider aus Gründen des Selbstwertgefühls vertreten wird, und wie auf der andern Seite dieselben Leute die Nichterwerbstätigkeit und karitative Tätigkeit von Frauen hochloben.

Zur Überwindung der Spaltung in Frauenwelt und Männerwelt müssen wir den Gegensatz «wirtschaftlich/unwirtschaftlich» überwinden. Das heißt nicht, daß es keinen unwirtschaftlichen oder keinen wirtschaftlichen Bereich mehr gibt. Es bedeutet vielmehr, daß alle Menschen sowohl für den wirtschaftlichen als auch für den unwirtschaftlichen Bereich zuständig sind. Der Gegensatz «wirtschaftlich/unwirtschaftlich» hängt eng zusammen mit dem Gegensatz «mächtig/ohnmächtig». Wenn wir die Spaltung in wirtschaftlich und unwirtschaftlich überwinden, befreien wir die weiblich definierten Wertvorstellungen aus ihrer Ohnmacht. Und länger können wir es uns nicht mehr leisten, die Lebensfreundlichkeit in der Ohnmacht zu lassen.

Weiblich definierte Wertvorstellungen
in die Männerwelt

Nun bleibt noch das Gegensatzpaar «lebensfreundlich/lebensfeindlich». Damit kommen wir auf den eigentlichen Inhalt der Wertvorstellungen, die an die Frauenwelt delegiert worden sind.

Die weiblich definierten Wertmaßstäbe müssen so bald als möglich sehr radikal in jene Bereiche dringen, die heute die Männerwelt ausmachen: Erwerbsleben, Staat, Wirtschaft, Öffentlichkeit, Kultur. Nicht daß ich mir vorstelle, damit würde das Paradies auf Erden ausbrechen. So einfach geht das wohl nicht. Vielmehr ist ein Umdenken nötig, das zwar möglichst schnell vor sich gehen sollte, aber nicht von einem Tag auf den andern geschehen kann. Nicht alle männlich definierten Wertvorstellungen sind unbedingt schlecht, jedenfalls nicht in allen Teilen. Durchsetzungsvermögen, Tatkraft, Initiative zur Veränderung, oder eben «Macht», ist an sich nichts Schlechtes. Aber ohne eine Gegenkraft haben die männlich definierten Wertvorstellungen unmenschliche Konsequenzen.

Wie soll nun aber Lebensfreundlichkeit gegenüber Menschen und Natur in eine von Lebensfeindlichkeit dominierte Männerwelt eindringen? Die Antwort ist hier etwas schwieriger als bei den Gegensatzpaaren «privat/nichtprivat» oder «unwirtschaftlich/wirtschaftlich». Dort haben wir einfach sagen können, alle Menschen müssen für beide Bereiche verantwortlich werden, für den privaten und den nichtprivaten, für den unwirtschaftlichen und den wirtschaftlichen Bereich. Es wäre nun zu einfach, hier dasselbe zu verlangen: Männer müssen halt etwas lebensfreundlicher und Frauen etwas lebensfeindlicher werden... Und doch müssen wir auch hier bei den Personen ansetzen, die bisher zur Frauenwelt oder zur Männerwelt gehört haben.

Daß Frauen in den letzten Jahrhunderten langsam aber sicher in die Männerwelt eingedrungen sind, hat der Verbreitung der weiblich definierten Wertvorstellungen in der Männerwelt offensichtlich nicht viel genützt. Die Abwehr der Männerwelt gegen die Eigenschaften, die ein für allemal an die Frauenwelt delegiert geglaubt wurden, funktioniert offensichtlich zu gut, als daß die Minderheit der Frauen in der Männerwelt etwas dagegen hätte ausrichten können. Resultat ist die Minderwertigkeit der weiblich definierten Wertvorstellungen, die Minderwertigkeit der Frauen überhaupt, und die Anpassung der Frauen in der Männerwelt an die männlich definierten Wertmaßstäbe – jedenfalls derjenigen Frauen, die sich mit der Männerwelt identifizieren oder aus Selbstschutz identifizieren müssen. Eine Minderheit von Frauen kann also offensichtlich nichts ausrichten. Deshalb liegt der Schluß nahe, daß sich erst dann wirklich etwas verändern kann, wenn die Frauen in der Männerwelt genau gleich präsent sind wie die Männer. Und dies wiederum können sie nur dann, wenn die Männer in der Frauenwelt genau gleich präsent sind wie die Frauen. Wenn auch mit etwas anderen Argumenten, kommen wir hier zum selben Schluß wie bei den vorher besprochenen Gegensatzpaaren: Alle Menschen müssen in gleicher Weise für beide Bereiche zuständig werden, damit Lebensfreundlichkeit in die Männerwelt eindringen kann. Die Begründung ist wiederum eine zweifache: Erst wenn auch die Männer Verantwortung für die Frauenwelt-Bereiche übernehmen, kommen die Inseln der Weiblichkeit zum Verschwinden und erst dann sind wir ganz sicher, daß die weiblich definierten Wertvorstellungen nicht mehr auf diese Inseln verbannt werden. Und damit, daß alle Frauen auch für die Männerwelt-Bereiche zuständig werden, dringt Lebensfreundlichkeit in die Männerwelt.

Die weiblich definierten Wertvorstellungen müssen ganz radikal in jene Bereiche eindringen, die die Männerwelt ausmachen. Dies ist nur dann möglich, wenn alle Menschen gleichzeitig für den Bereich Frauenwelt und für den Bereich Männerwelt zuständig sind und Verantwortung dafür übernehmen. Die Überwindung der Spaltung in eine lebensfreundliche Frauenwelt und in eine Männerwelt, die wir nur deshalb als lebensfeindlich in Kauf nehmen, weil es immer wieder ein Auftanken in der Frauenwelt gibt, die Überwindung dieser Spaltung ist wohl eine der wichtigsten aller notwendigen Veränderungen.

Weg vom Weiblichkeitswahn und
vom Männlichkeitswahn

In den Anfängen der neuen Frauenbewegung wurde unter Weiblichkeitswahn vor allem verstanden, daß Frauen alles daran setzen, in den äußeren Lebensumständen dem Bild zu entsprechen, das als fraulich, weiblich gilt. In den sechziger Jahren der USA also das Einfamilienhaus in der Vorstadt, Ehemann mit Karriere in der Stadt, Kinder, aber auch die Frau mit guter Ausbildung, die Erwerbstätigkeit der Frau zugunsten der Familie eingeschränkt, fröhliche Mutter und Hausfrau, die alles spielend bewältigt, vor der Party noch rasch den Rasen mäht, sich für die Familie aufopfert, kurz das berühmt gewordene Bild, gegen das sich die Feministinnen aufzulehnen begannen. Der Begriff des Weiblichkeitswahnes beinhaltet aber auch das «Weiblich-sein-Wollen», also diejenigen Eigenschaften in sich zu fördern, die weiblich definiert worden sind, und die sogenannt unweiblichen Eigenschaften in sich zu unterdrücken. Weiblichkeitswahn in diesem Sinn bedeutet anzuerkennen, daß die weiblich definierten Werte von Natur aus weiblich sind. Wenn nun diesem Begriff der Männlichkeitswahn gegenübergestellt wird, so deshalb, weil diese beiden Begriffe untrennbar miteinander verbunden sind: Der Weiblichkeitswahn hat notwendigerweise einen Männlichkeitswahn zur Folge oder umgekehrt. Wer bei den Frauen das «Weibliche» verehrt, muß Männer notwendigerweise auf das «Männliche» reduzieren. Und der Männlichkeitswahn kann nur dann kultiviert werden, wenn die Delegation der weiblich definierten Eigenschaften an die Frauen richtig funktioniert, wenn mit andern Worten auch der Weiblichkeitswahn kultiviert wird. Versuche, allein den Weiblichkeitswahn zu überwinden, können letztlich gar nicht erfolgreich sein. Der Weiblichkeitswahn kann nur überwunden werden, wenn gleichzeitig auch der Männlichkeitswahn überwunden wird.

Wenn alle Menschen Verantwortung für den privaten und den nichtprivaten Bereich übernehmen, wenn alle Menschen Verantwortung für den wirtschaftlichen und den unwirtschaftlichen Bereich übernehmen und wenn die weiblich definierten Wertvorstellungen als gleich starker Gegenpol den männlich definierten Wertvorstellungen gegenübertreten, dann wird die Spaltung in

Frauenwelt und Männerwelt nach und nach überwunden. Dann muß sich nämlich niemand mehr gegen die weiblich definierten Wertvorstellungen abgrenzen oder wehren, weil sie gar nicht mehr weiblich definiert sind. Und weil die Frauen ihre besondere Funktion als Trägerinnen und Pflegerinnen dieser Wertvorstellungen aufgeben können, besteht an sich auch kein Grund mehr, die Frauen in die Minderwertigkeit abzuschieben. Das entscheidende an der Überwindung der Spaltung in Frauenwelt und Männerwelt besteht darin, daß die verhängnisvolle Delegation nicht mehr stattfindet: es gibt nur noch menschliche Wertvorstellungen, nicht mehr weiblich oder männlich definierte, und alle Menschen sind gleicherweise für diese Wertvorstellungen verantwortlich.

Ich bin mir bewußt, daß dies alles schon sehr nach Paradies auf Erden tönt. Damit hat es aber wenig zu tun. Dieses Buch macht sich nicht zur Aufgabe, eine Gesamtschau aller Probleme zusammenzustellen, die die Welt heute bewegen oder im Hinblick auf eine menschlichere Gesellschaft bewegen müßten. Aber es macht sich zur Aufgabe, einen ganz wichtigen Aspekt aufzuzeigen, der bei Zukunftsvorstellungen von einer menschlicheren Gesellschaft mit konstanter Regelmäßigkeit vergessen oder totgeschwiegen wird, obschon er Grundursache für viele Mißstände ist, über die heute offen diskutiert wird. Die Überwindung der Spaltung in Frauenwelt und Männerwelt *allein* kann nicht garantieren, daß wir längerfristig überleben. Dafür sind noch andere Entwicklungen nötig, Entwicklungen, die wir zum Teil schon heute absehen können, und andere, die wir heute noch nicht kennen. Aber sie ist eine unabdingbare Voraussetzung dafür, daß wir längerfristig überleben. Und sie ist nicht irgendeine von vielen verschiedenen Voraussetzungen, sondern sie ist eine ganz grundlegende.

Die Überwindung des Weiblichkeitswahnes und des Männlichkeitswahnes braucht anfänglich von den einzelnen Menschen ziemlich viel Mut. Am wenigsten Mut brauchen die Frauen, die sich bereits mit Männerwelt-Problemen zu befassen begonnen haben. Sie brauchen nur den Mut, wieder zu ihrem Frau-Sein zu stehen, falls sie inzwischen zu Vertreterinnen der Männerwelt geworden sind. Etwas mehr Mut brauchen die Frauen, die sich bisher hinter ihrer Weiblichkeit versteckt und die große weite Welt gerne den Männern überlassen haben. Sie brauchen den Mut, diese vordergründig manchmal sehr bequem scheinende Situation zu verlassen, sich in die Männer-Domänen einzumischen, und zwar mit dem Anspruch, dies als Frauen zu tun und Frauen zu bleiben. Am meisten Mut aber brauchen mit Sicherheit die Männer. Mut nämlich, sich Bereichen und Tätigkeiten zuzuwenden, die bisher als minderwertig galten, und es nicht länger bleiben dürfen.

Wenn in einer Gemeinschaft von Menschen das Spenden von Wärme, Geborgenheit und Mitmenschlichkeit an die Hälfte dieser Menschen delegiert wird – seien es nun die mit den blauen Augen oder die weiblichen Geschlechts –, so geschehen mindestens drei Dinge: Erstens werden die Menschen der anderen Hälfte, die für diese Eigenschaften nicht mehr verantwortlich sind, notwendigerweise zu Unmenschen. Zweitens ist die eine Hälfte, an die diese Eigenschaften delegiert worden sind, gar nicht in der Lage, sie noch genügend in der Gemeinschaft zu verbreiten. Drittens wird es in dieser Gemeinschaft zu einem Grundprinzip, daß die einen zum Geben und die anderen zum Nehmen vorbestimmt, die einen zum Herrschen und die anderen zum Dienen geboren sind. Dieses Grundprinzip ist das patriarchalische Prinzip, das Prinzip von Gewalt und Zerstörung, das auch in andere Lebensbereiche eindringt und eine solche Gemeinschaft schon an sich unmenschlich macht.

Wenn wir die Spaltung in «privat/nichtprivat», in «wirtschaftlich/unwirtschaftlich» überwinden, und wenn wir schließlich erreichen können, daß Lebensfreundlichkeit ganz radikal in die Männerwelt dringt, dann gibt es letztlich keine Frauenwelt und keine Männerwelt, keine weiblich und keine männlich definierten Wertvorstellungen mehr. Damit fällt die Minderwertigkeit dieser Wertvorstellungen und auch die Minderwertigkeit der Frauen weg. Die Überwindung der Spaltung in Frauenwelt und Männerwelt, die Überwindung des Weiblichkeitswahnes und des Männlichkeitswahnes sind unabdingbare Voraussetzungen für die Gleichwertigkeit aller Menschen und für unser Überleben.

Ganze Menschen

Ein Dasein als Weiblichkeitskrüppel oder Männlichkeitskrüppel ist sicher nichts Beneidenswertes. Von der individuellen Entfaltungsmöglichkeit her gesehen läßt sich aber feststellen, daß ein Dasein als Männlichkeitskrüppel noch weniger beneidenswert ist als ein Dasein als Weiblichkeitskrüppel, obwohl für die Umwelt das erste weniger gefährlich ist als das zweite, wie das letzte Kapitel deutlich gezeigt haben sollte. Dieser Unterschied hat mit dem Auftanken der Männerwelt-Personen in der Frauenwelt zu tun. Wie viele Männer waren doch äußerst kreativ, hatten neue Ideen, vollbrachten große, berühmte Leistungen, und all das konnten sie nur, weil für ihr körperliches und seelisches Wohlergehen eine der Nachwelt unbekannte Frau gesorgt hat. Natürlich beteuern heute viele Frauen, daß sie über den Erfolg ihrer Männer mindestens so glücklich und stolz darauf seien wie die Männer selbst, und daran glauben sie sicher auch. Und sie beteuern, daß ihnen diese «indirekte Selbstverwirklichung» viel besser entspreche als alles andere. Diese Einstellung hat Tradition. Über Jahrtausende hinweg haben die Frauen ihre Kreativität und Schaffenskraft ausschließlich dazu benützt, die Kreativität und Schaffenskraft von Männern zu fördern. Rund die Hälfte von all dem, was Männer bisher in der Weltgeschichte an berühmten Dingen geleistet haben, ist die Leistung unbekannter Dienerinnen, denen die Männer ihre Kreativität und Schaffenskraft gestohlen haben.

Irgend jemand muß ja dem Herrn Goethe die Socken gewaschen und die Rüschen gestärkt haben, falls er überhaupt solche getragen hat. Darüber hören wir in Schulen eigentlich wenig. Ja und? Ist doch eigentlich selbstverständlich, daß irgend jemand dem Herrn Goethe die Socken gewaschen hat. Wenn bei jedem Künstler noch extra über die häusliche Infrastruktur berichtet werden müßte, das wäre doch nicht interessant ... Interessant war es damals wahrscheinlich auch nicht. Übrigens hat uns Herr Goethe selbst immerhin sehr ausgiebig über die seelische Infrastruktur berichtet, die ihm die verschiedensten Frauen abwechslungsweise für seine Kreativität geliefert haben. Das finde ich richtig ehrlich von ihm. Manchmal habe ich mich schon gefragt, ob das Lebenswerk von Herrn Goethe wohl etwas kleiner ausgefallen wäre, wenn ihm die ewige Weiblichkeit dies alles nicht geliefert hätte. Solche Gedanken gehen mir immer dann durch den Kopf, wenn wieder einmal kreative Männer geehrt werden. Wenn Nobelpreise an lauter Männer vergeben werden. Oder es kommen mir solche Gedanken in den Sinn, wenn der Kanton Bern seinen Literaturpreis verleiht und mir am Montagmorgen beim Kaffee, wenn ich die Zeitung durchblättere, ein halbseitiges Foto mit acht Männern entgegenlacht. Da werde ich echt wütend, übrigens je länger desto mehr, und ich würde auch wütend, wenn es sieben Männer und eine Frau gewesen wären, denn die Alibi-Frau kann nicht darüber hinwegtäuschen, daß Männer auf das Kreativsein hin erzogen werden und Frauen daraufhin, mit ihrer Kreativität diejenige der Männer zu fördern. Das Foto mit den acht Männern ist ehrlicher und stimmt mit den heutigen Verhältnissen effektiv überein.

Dasselbe, wenn eine neue Briefmarkenserie herauskommt: Männer, nichts als Männer. Und wenn eine neue Banknotenserie herauskommt erst recht: Männer, nichts als Männer. Alles berühmte Männer natürlich, und gegen sie persönlich habe ich überhaupt nichts einzuwenden, auch nicht gegen die acht Männer auf dem Literaturpreis-Foto oder gegen den Herrn Goethe. Aber es ärgert mich, daß wir in einer völlig schiefen Kultur leben, schief deshalb, weil sie nur auf einem Bein steht statt auf zweien. Unsere ganze Kultur steht nur auf dem Männer-Bein. Das andere Bein braucht sie nur zum Ausbalancieren, nicht zum Stehen, und das ist eine wackelige Sache. Dieses Bild gibt die Situation gar nicht so schlecht wieder. Unsere Kultur läßt die Hälfte der Menschen aus und findet ohne diese statt.

Frauen und Männer haben im Durchschnitt genau gleich viele Anlagen und Fähigkeiten, Neues zu schaffen, kreativ zu sein, die Welt zu verändern. In letzter Zeit vermehren sich die wissenschaftlichen Studien zu diesem Thema. Solche Studien sind sehr wichtig, stellen sie doch bisherige Tabus und Annahmen in Frage, die Annahme zum Beispiel, daß Frauen eher geeignet seien, im stillen Hintergrund und helfend zu wirken. Mir scheint aber, daß es gar nicht unbedingt wissenschaftlich erwiesen sein muß, ob nun Frauen effektiv genau dieselben oder andere Anlagen hätten als Männer. Wenn wir nämlich davon ausgehen, daß Frauen und Männer alle Fähigkeiten und Anlagen in sich tragen, das heißt Frauen auch die traditionell männlich definierten und Männer auch die traditionell weiblich definierten, und wenn wir ihnen allen die Möglichkeiten geben, sämtliche Anlagen und Fähigkeiten zu entwickeln, dann

«Frauen und Männer...

... haben im Durchschnitt genau gleich viele Anlagen und Fähigkeiten ...»

– und die gleichen guten Anlagemöglichkeiten. Man muß sie nur kennen ...

Pfandbrief und Kommunalobligation

Meistgekaufte deutsche Wertpapiere - hoher Zinsertrag - schon ab 100 DM bei allen Banken und Sparkassen

Verbriefte Sicherheit

schränken wir damit sicher niemanden ein. Wer eine bestimmte Fähigkeit nicht hat, wird diese auch nicht entwickeln, selbst wenn die Möglichkeit dazu offenstehen würde. So wie die Gegebenheiten jedoch heute sind, schränken wir ganz offensichtlich viele Leute ein, indem wir durch Erziehung, Bildung, Werbung und andere Dinge die Frauen daran hindern, ihre männlich definierten Seiten und die Männer daran, ihre weiblich definierten Seiten zu entwickeln.

Die Frage, ob Frau und Mann in allen Einzelheiten gleich oder ungleich seien, wird wohl immer offenbleiben müssen, und das ist auch gar nicht tragisch. Sicher sind nur Frauen in der Lage, Kinder zu gebären, und insofern sind Frauen und Männer ungleich. Nur wird diese Situation erstens längst nicht bei allen Frauen überhaupt aktuell, und zweitens macht sie bei den anderen Frauen nur kurze Zeit des ganzen Lebens aus. Und doch hat gerade dieser Unterschied über Jahrtausende hinweg als Vorwand dafür herhalten müssen, daß die Frauen in den Privatbereich, in die Unwirtschaftlichkeit und Ohnmacht eingeschlossen worden sind. Es ist ihnen verwehrt worden, die äußere Welt mitzuprägen. Für mich ist es offen, ob es über den Unterschied der Gebärfähigkeit hinaus andere generelle Unterschiede zwischen Frau und Mann gibt. Einerseits beobachte ich täglich, daß es bereits heute trotz Weiblichkeitswahn Frauen gibt, die mehr männlich definierte Eigenschaften entwickeln als bestimmte Männer, und daß es trotz Männlichkeitswahn Männer gibt, die mehr weiblich definierte Eigenschaften entwickeln als bestimmte Frauen. Andererseits kommt es für mich auf dasselbe heraus, ob es weitere Unterschiede gibt oder nicht, ich brauche das nicht zu wissen, um mich zu entscheiden, wie ein menschliches Leben für Frauen und Männer aussehen kann: Wenn es keine weiteren Unterschiede gibt, dann haben wir allen Grund, für Frauen und Männer genau dieselben Möglichkeiten der Selbstentfaltung zu schaffen. Und wenn es weitere Unterschiede gibt, dann ist es erst recht nötig, daß Frauen und Männer alle Lebensbereiche in gleichem Maß prägen.

Wir können es nicht weiter zulassen, daß die eine Hälfte der Menschen dazu da ist, zur Selbstverwirklichung der anderen Hälfte der Menschen beizutragen. Eine Gemeinschaft ist unmenschlich, wenn sie davon ausgeht, bestimmte Menschen seien dazu geboren, ihre Fähigkeiten auszuleben und sich selbst zu verwirklichen, während andere Menschen dazu bestimmt seien, ihnen dabei zu helfen und die Hintergrundrolle zu spielen. Eine solche Gemeinschaft beruht auf dem Prinzip des Dienens und des Herrschens, sie beruht auf dem Prinzip von Gewaltanwendung, und dieses patriarchalische Prinzip schlägt sich nicht nur im Verhältnis zwischen Frauen und Männern, sondern in allen Lebensbereichen nieder.

Heute gilt es als weiblich, den Verstand in sich möglichst zu unterdrücken und das Gefühl möglichst zu fördern. Und es gilt als männlich, das Gefühl in sich möglichst zu unterdrücken und den Verstand möglichst zu fördern. Ganze Menschen haben aber Gefühl und Verstand.

Frauen haben auch traditionell männlich definierte Fähigkeiten, und Männer haben Fähigkeiten, die traditionell weiblich definiert worden sind. Warum gehen wir eigentlich nicht davon aus, alle Fähigkeiten und Eigenschaften seien auf Frauen und Männer etwa gleich verteilt? Dabei spielt es gar keine Rolle, ob das wissenschaftlich bewiesen sei oder nicht: Keine Person entwickelt Fähigkeiten und Eigenschaften, die nicht irgendwie in ihr angelegt sind. Aber wir schränken sicher niemanden mehr in der Entwicklung von effektiv vorhandenen Fähigkeiten ein. Auf diese Weise geben wir wenigstens allen Menschen die Möglichkeit, auf ihre individuelle Weise ganz zu werden.

5 Versorgungsunabhängigkeit als Ansatzpunkt

Dieses Kapitel befaßt sich nun mit den praktischen Konsequenzen. Es zeigt auf, wie wir unser Zusammenleben und die Arbeitsteilung anders organisieren müssen, wenn wir die dargestellte Unzulänglichkeit der heutigen Situation überwinden und wenn wir insbesondere auch die Diskriminierung der Frauen im Bereich Bildung und Beruf an der Wurzel beheben wollen.

Neuverteilung der bezahlten und unbezahlten Arbeit

Die Spaltung in Frauenwelt und Männerwelt wird auf der ideellen Ebene dadurch überwunden, daß alle Personen für beide Bereiche zuständig werden. Auf der Ebene der Organisation unseres Zusammenlebens heißt dies, daß die Frauenwelt nicht mehr die häusliche Versorgung für die Männerwelt liefert, und die Männerwelt nicht mehr die wirtschaftliche Versorgung für die Frauenwelt. Frauen und Männer tragen gleichviel zu beiden Teilen der Versorgung bei. Vor allem aber sollen Frauen und Männer weder durch die häusliche noch durch die wirtschaftliche Versorgung voneinander abhängig werden. Eine neue Organisation unseres Zusammenlebens, die diese Anforderungen erfüllt, umschreibe ich im folgenden mit «Versorgungsunabhängigkeit». Der wichtigste Schritt zur Versorgungsunabhängigkeit ist die Neuverteilung der bezahlten und unbezahlten Arbeit.

Bezahlte Arbeit ist jede Betätigung, für die ein Lohn oder eine andere finanzielle Gegenleistung erbracht wird. Es ist mit andern Worten jede Erwerbsarbeit, und zwar die Arbeit von *unselbständig wie auch von selbständig Erwerbenden*. Wichtig ist, daß bei der bezahlten Arbeit die Gegenleistung in einem direkten Zusammenhang mit der Arbeitstätigkeit steht. Das kann auch so geschehen, daß der

Schuhmacher dem Bauern während des ganzen Jahres die Schuhe flickt, und wenn der Bauer dann ein Schwein schlachtet, bekommt der Schuhmacher als Gegenleistung ein ansehnliches Stück Schinken. Auch hier besteht ein direkter Zusammenhang zwischen Arbeitsleistung und Gegenleistung, denn der Bauer wird die Größe des Schinkenstückes mehr oder weniger danach bemessen, wie häufig er seine Schuhe zum Flicken brachte. Und das Ganze geht nur deshalb, weil der Schuhmacher damit einverstanden war, sich in Schinken statt in Geld bezahlen zu lassen, er hat den freien Entscheid getroffen, daß ihm der Schinken gerade so recht sei wie Geld.

Unbezahlt ist die Arbeit, die ohne oder ohne direkte Gegenleistung erfolgt. Weitaus der größte Teil der so geleisteten Arbeit ist Hausarbeit, also traditionell gesehen «Hausfrauen»-Arbeit, die in Form von Haushaltführung, Kinderbetreuung, Kindererziehung etc. geleistet wird. Wenn jemand erzählt: «Frau Meier hat vor zwei Jahren geheiratet, sie hat noch gearbeitet bis vor einem halben Jahr, aber seit der Geburt des ersten Kindes arbeitet sie nicht mehr ...», so sollten wir sofort korrigieren: Frau Meier arbeitet immer noch, aber sie bekommt dafür keinen Lohn mehr, sie hat von der bezahlten Arbeit zur unbezahlten Arbeit hinübergewechselt. Es gibt auch bezahlte Hausarbeit, nämlich die Arbeit von Haushälterinnen und Hausangestellten. Ehefrauen handeln sich als «Gegenleistung» für ihre Arbeit hingegen nur das Recht ein, vom Ehemann unterhalten zu werden, und dieser Unterhalt steht in keinem direkten Zusammenhang mit der Arbeitsleistung: Der finanzielle Aufwand des Unterhaltes steht nämlich nicht in einem Verhältnis zur geleisteten Arbeit, sondern hängt davon ab, einen wie reichen Mann die Frau geheiratet hat. Es ist sogar so, daß das Verhältnis zwischen Arbeit und Unterhaltsleistung oft gerade umgekehrt proportional ist: Je höher der Lebensstandard einer Frau, desto weniger Hausarbeit muß sie unbedingt leisten, desto mehr hat sie die Möglichkeit, die Hausarbeit durch Maschinen, Dienstleistungsunternehmen oder gar Angestellte ausführen zu lassen. Die Hausarbeit einer Ehefrau unterscheidet sich noch in weiteren Dingen von der bezahlten Arbeit. Bezahlte Arbeit ist kündbar und die Arbeitsbedingungen sind bei der unselbständigen wie auch bei der selbständigen Erwerbsarbeit klar festgelegt oder festlegbar. Die eheliche Hausarbeit hingegen ist eingepackt in eine Beziehung, in die rechtliche Institution «Ehe», in eine wirtschaftliche Abhängigkeit der Frau vom Ehemann und steht oft im Zusammenhang mit gemeinsamen Kindern, für die während mehr als einem Jahrzehnt unbezahlte Arbeit geleistet werden muß, unabhängig davon, ob der Vater der Kinder die Unterhaltspflicht gegenüber der Mutter erfüllt oder nicht. Ein Arbeitgeber läßt sich wechseln, ein Ehemann nur mit großen Schwierigkeiten. Ein weiterer Unterschied liegt darin, daß die Ehefrau nicht wie der Schuhmacher die Wahl hat, sich in Geld oder Schinken bezahlen zu lassen, sondern sie hat ein für allemal den Schinken gewählt, und zwar nicht so viel Schinken, wie es ihrem Arbeitsaufwand entsprechen würde, sondern so viel, wie es sich der Mann leisten kann und wieviel der Mann im Rahmen dieser Leistungsfähigkeit leisten will. Daß ein größerer oder kleinerer Teil der Ehemänner diese Situation nicht ausnutzt, hindert nichts an der Tatsache, daß sie es könnten, wenn sie wollten. Wer als «Gegenleistung» für Arbeit lediglich Nahrung, Kleidung, Wohnung erhält, daneben aber beziehungsmäßige und wirtschaftliche Abhängigkeit einhandelt, leistet unbezahlte Arbeit.

Versorgungsunabhängigkeit setzt voraus, daß es keine Personen mehr gibt, die ausschließlich unbezahlte Arbeit leisten. Dies wiederum bedeutet, daß es keine Personen mehr gibt, die ausschließlich bezahlte Arbeit leisten. Also muß bezahlte *und* unbezahlte Arbeit umverteilt werden.

Umverteilung der bezahlten Arbeit heißt, daß alle Frauen und Männer im erwerbsfähigen Alter erwerbstätig sind, daß aber die Erwerbstätigkeit weniger Zeit im Leben der Menschen beansprucht, als dies heute der Fall ist. Umverteilung der unbezahlten Arbeit bedeutet, daß alle Mitglieder einer einzelnen Hausgemeinschaft, Frauen und Männer, gleich viel unbezahlte Arbeit leisten, gleich viel Hausarbeit, gleich viel Kinderbetreuungsarbeit, gleich viel Erziehungsarbeit, gleich viel Arbeit in der Betreuung von Kranken oder Betagten, falls solche in der Hausgemeinschaft leben. Personen ohne Kinder und ohne betreuungsbedürftige Angehörige in der gleichen Hausgemeinschaft hätten weniger unbezahlte Arbeit zu leisten als Personen mit Betreuungspflichten. Diesen Unterschied gibt es auch heute, und die Umverteilung der unbezahlten Arbeit bringt nicht notwendigerweise einen Ausgleich dieses Unterschiedes. Allerdings bietet die Versorgungsunabhängigkeit durchaus auch Ansätze in Richtung vermehrter Nachbarschaftshilfe, worauf ich noch zurückkommen werde. Hier darf aber diese Frage offenbleiben, denn es geht um die Aufteilung der unbezahlten Arbeit zwischen Frauen und Männern.

Versorgungsunabhängigkeit erfordert, daß alle Frauen und Männer im erwerbsfähigen Alter erwerbstätig sind, wobei jedoch die Erwerbstätigkeit im Leben aller Menschen viel weniger Zeit beansprucht als heute, und daß alle Frauen und Männer in derselben Hausgemeinschaft gleich viel Haus- und Betreuungsarbeit für Kinder, Kranke oder Betagte leisten. Diese durchschnittlich gleiche Verteilung der bezahlten und unbezahlten Arbeit auf Frauen und Männer ist erstens unabdingbare Voraussetzung für die Gleichstellung der Geschlechter im Erwerbsleben. Zweitens ist sie eine der Voraussetzungen für die Überwindung der Spaltung in Frauenwelt und Männerwelt.

20–30 Stunden Erwerbsarbeit pro Woche?

In der Schweiz beträgt die Normalarbeitszeit nach wie vor 44 Stunden pro Woche. Würden wir die heute vorhandene Erwerbsarbeit auf alle Frauen und Männer im erwerbsfähigen Alter umverteilen, so ergäbe dies eine wöchentliche Normalarbeitszeit von 30–35 Stunden. Und da wir uns hier mit langfristigen Konzepten befassen, die zweifellos nicht von einem Tag auf den andern realisiert werden können, tun wir sicher gut daran, auch noch die betriebliche Rationalisierung in die Rechnung einzubeziehen, die das Erwerbsleben in den nächsten Jahren und Jahrzehnten nachhaltig beeinflussen wird: Immer mehr Handarbeit wird durch Maschinen ersetzt, und immer mehr Kopfarbeit wird durch Computerprogramme ersetzt, so daß sich die Normalarbeitszeit ohnehin verkürzen wird, wenn nicht größere Arbeitslosigkeit entstehen soll. Sprechen wir deshalb besser von einer Normalarbeitszeit von wöchentlich 20–30 Stunden, wenn die Erwerbsarbeit auf alle Frauen und Männer umverteilt wird.

Während die Versorgungsunabhängigkeit eine klare Schlußfolgerung dieses Buches darstellt, betreffen die folgenden detaillierteren Ausführungen lediglich Ansatzpunkte für verschiedene Modelle. Die 20–30-Stunden-Woche ist nur eine von verschiedenen Möglichkeiten, wie wir zur Versorgungsunabhängigkeit kommen könnten. Daneben sind andere Varianten möglich.

Wenn wir zur Versorgungsunabhängigkeit übergehen, braucht es nach erster Berechnung etwa ein Viertel mehr Arbeitsplätze als heute, die dann allerdings weniger lang belegt sind. Es liegt nahe, sich zu überlegen, ob gewisse Arbeitsplätze nicht unter mehrere Personen aufgeteilt werden könnten, zum Beispiel ein Arbeitsplatz auf zwei Personen oder zwei Arbeitsplätze auf drei Personen. Wenn in Fabrikationsbetrieben zum Beispiel in zwei Tagesschichten von 7 bis 12 Uhr und von 12 bis 17 Uhr gearbeitet würde, könnten übrigens die Fabrikationsanlagen gleich gut oder sogar besser ausgenützt werden als heute. Unter Umständen könnten bestimmte Betriebe mit zwei Tagesschichten arbeiten und wieder andere – möglicherweise vorwiegend im Dienstleistungssektor – mit einer Normalarbeitszeit von 9 bis 15 Uhr. Denkbar wäre aber auch, daß es Normalarbeitszeiten gar nicht mehr gibt, daß teilweise mit sogenannten «Jahresarbeitszeit-Verträgen» gearbeitet würde, in welchen die Arbeitnehmerinnen und Arbeitnehmer relativ frei wählen, an welchen Tagen und zu welchen Zeiten sie ihr Jahrespensum erfüllen wollen.

Schon heute realisierbar ist die Aufteilung eines Arbeitsplatzes auf zwei Teilzeitarbeitende. Dies könnte eine gute und bruchlose Übergangsform zur Versorgungsunabhängigkeit sein, indem die heutigen Teilzeitarbeitenden nach und nach zu Normalzeitarbeitenden werden.

Für ein Langfristmodell muß jedenfalls in verschiedenen Varianten gedacht werden. Bis die Versorgungsunabhängigkeit verwirklicht ist, werden nämlich so manche andere Faktoren den Arbeitsmarkt, die Verteilung der Arbeitsplätze, die Arbeitszeit und das Lohngefüge beeinflussen, so daß eine heute erarbeitete Detaillösung ohnehin nicht mit dem übereinstimmen könnte, was einst in die Tat umgesetzt werden kann. Vielleicht werden bis dahin auch neue Faktoren die Arbeitswelt beeinflussen, von denen wir heute noch keine Ahnung oder höchstens eine Vorahnung haben, wie zum Beispiel Randbedingungen der Umwelt oder eine Umstrukturierung des Arbeitsmarktes in der Aufteilung zwischen Produktions- und Dienstleistungssektor. Das einzige, was wir für die Versorgungsunabhängigkeit bereits heute fest sagen können, ist folgendes: Wie groß auch immer die Summe aller vorhandener Erwerbsarbeit und wie diese Arbeit auch immer strukturiert sein mag, muß sie gleichmäßig auf Frauen und Männer im erwerbsfähigen Alter verteilt sein. Anzeichen für eine Entwicklung in dieser Richtung lassen sich übrigens bereits heute erkennen: Es gibt immer mehr Menschen, die nicht mehr 44 Stunden pro Woche erwerbstätig sein wollen und statt dessen eine kürzere Arbeitszeit bevorzugen, wobei sie einen geringeren Verdienst in Kauf nehmen, mit andern Worten Teilzeitarbeit leisten. Die Menschen scheinen sich in der heutigen Zeit offenbar nicht mehr nur mit der Erwerbsarbeit identifizieren zu wollen, sei es, daß sie einer unbezahlten Beschäftigung in der Freizeit eine ebenso große Bedeutung beimessen, sei es, daß sie genügend Zeit zur Pflege von Beziehungen haben wollen – Beziehungen zu Freunden, Partnern oder Kindern. Ebenfalls läßt sich feststellen, daß für viele Leute die lebenslängliche Sicherheit des Arbeitsplatzes eine nicht mehr so große Rolle spielt und daß immer mehr Personen temporäre Anstellungen bevorzugen, das heißt, sie sind zwar 44 Stunden pro Woche erwerbstätig, aber nur während einer bestimmten Zeit, die mit Nichterwerbstätigkeit abwechselt. Die Vermittlungsinstitute von Temporär-Arbeit, die in Zeiten anziehender Konjunktur wie Pilze aus dem Boden schießen, sprechen hier eine deutliche Sprache, und obwohl ihre Geschäftspraktiken für die Arbeitnehmerinnen und Arbeitnehmer zum Teil nicht sehr günstig sind, läßt sich nicht leugnen, daß diese Institute offensichtlich ein echtes Bedürfnis in unserer Arbeitswelt entdeckt haben.

Darüber hinaus aber beginnen sich auch Theoretikerinnen und Theoretiker verschiedener Fachrichtungen mit der Frage einer massiven Arbeitszeitverkürzung zu befassen und stellen das Verhältnis zwischen bezahlter und unbezahlter Arbeit zur Diskussion. Die gleichmäßige Verteilung der bezahlten und unbezahlten Arbeit auf Frauen und Männer ist also nur noch ein zusätzlicher Aspekt in Gesamtkonzepten, die sich mit Fragen der Verteilung von Arbeit und Verdienst bereits befassen.* Versorgungsunabhängigkeit ist somit gar nichts Neues, sondern sie versucht, in einer bereits aktuellen Diskussion noch einen weiteren Aspekt einzubeziehen, der bisher meistens vernachlässigt worden ist.

Warum wird eigentlich diese Diskussion heute plötzlich auf der ganzen Linie so aktuell? Der Zeitpunkt ist absehbar oder schon Wirklichkeit geworden, in welchem der wirtschaftliche Kuchen nicht mehr wächst. Vielleicht ist übrigens gerade das die Chance der Frauen. Solange der Kuchen nämlich noch am Wachsen war, wurde den Frauen immer versprochen, mit dem Wachsen des Kuchens würden die Benachteiligungen ausgeglichen. Die Frauen mußten aber feststellen, daß die Aufteilung des neu hinzugewachsenen Stückes die Ungleichheiten trotzdem immer größer werden ließ. Wenn der Kuchen nun definitiv nicht mehr weiter wächst, dann fällt wenigstens die Lüge vom Kuchenzuwachs ins Wasser, dann müssen endlich auch jene vom «Umverteilen» zu sprechen beginnen, welche sich bisher so bequem hinter dem Wachstum des Kuchens versteckt haben. Das sind nicht nur diejenigen, welche Arbeitsplätze oder Erwerbsarbeit anbieten, sondern es sind auch diejenigen, welche die 44-Stunden-Arbeitsplätze genommen und sich damit ein zu großes Stück vom Kuchen abgeschnitten haben, auch wenn ihnen persönlich häufig nichts anderes übrig geblieben ist. Schließlich werden sich auch diejenigen nicht mehr hinter der Wachstumslüge verstecken können, welche zur Größe der Kuchenstücke effektiv etwas zu sagen haben und immer noch prinzipiell darauf beharren, daß der Kuchen in 44-Stunden-Stücke und nicht in kleinere Stücke aufgeteilt werden soll, aus was für Gründen sie auch immer auf dieser Aufteilung des Kuchens bestanden haben mögen.

Verschiedenste Fachrichtungen befassen sich heute mit der Frage einer massiven Arbeitszeitverkürzung und eines

---

* Eine Zusammenstellung der Autorinnen und Autoren, die sich mit dieser Thematik befassen, kann hier nicht gegeben werden. Es sei nur verwiesen auf eine Publikation, die einen weiteren Rahmen absteckt. Das Bild einer Gesellschaft, in welcher bezahlte und unbezahlte Arbeit neu verteilt ist, zeichnet «Der NAWU-Report: Wege aus der Wohlstandsfalle», herausgegeben 1978 von Binswanger/Geissberger/Ginsburg.

neuen Verhältnisses zwischen bezahlter und unbezahlter Arbeit, wobei vor allem ökologische Überlegungen im Vordergrund stehen, das heißt die Berücksichtigung der effektiven Bedürfnisse und Gegebenheiten von Natur und Menschen. Studien und Versuche zu den praktischen Möglichkeiten der Arbeitszeitverkürzung werden schon heute intensiv betrieben. Die gleiche Verteilung von bezahlter und unbezahlter Arbeit auf Frauen und Männer stellt lediglich einen weiteren Aspekt in dieser Diskussion dar, der bisher vernachlässigt wurde. Er muß aber mit einbezogen werden, wenn die auch in ökologischer Hinsicht verhängnisvollen Folgen der Spaltung in Frauenwelt und Männerwelt überwunden werden sollen.

Und die Kinder?

Wie könnte nun das tägliche Leben in einem Modell mit 20–30 Stunden Erwerbsarbeit aussehen? Wie würde sich das häusliche Leben organisieren? Wer würde die Kinder betreuen?

Endlich: Jetzt kommen die Kinder! Natürlich hätte ich vom ersten Kapitel an von den Kindern schreiben müssen, wenn es nach den vielen Frauen und Männern gegangen wäre, die das Patriarchat aufrechterhalten möchten...
Natürlich weiß ich, daß alles nur wegen der Kinder ist, ich habe es in Gesprächen immer wieder gehört, oft habe ich sehr geduldig zugehört, manchmal habe ich auch nicht mehr geduldig zuhören können..., daß die Frauen doch naturgegeben zu Hause seien wegen der Kinder, die schließlich von ihnen geboren würden und nicht von den Männern, und daß doch Kinder ihre Mütter zu Hause brauchen würden, bis sie 6 oder 10 oder 12 oder 16 Jahre alt seien – mit 16 würden sie die Mütter mehr als je zuvor brauchen –, und daß natürlich alles nur davon herkomme, daß die Frauen meinten, sie müßten um alles in der Welt «arbeiten gehen», und daß wir nämlich nur deshalb verwahrloste und auflüpfische Jugendliche hätten, und daß nämlich sonst das Drogenproblem nicht so verheerend wäre... und überhaupt!
Wenn Herr Schweizer, Vizedirektor der größten Fabrik einer ständig wachsenden Agglomerationsgemeinde, Gemeinderat, Oberst im Militär

und sonst in verschiedenen Vereinen aktiv, wenn also dieser Herr Schweizer zum Herrn Direktor Schweizer avanciert, und wenn er im Jahr darauf noch das Gemeindepräsidium dieser aufstrebenden Gemeinde übernehmen kann, und wenn dann noch ein Jahr später das zweitjüngste seiner fünf Kinder beim Drogenhandel erwischt wird ... da muß doch offensichtlich die Mutter die Kinder falsch erzogen haben. Schuld sind immer die Mütter, ganz egal übrigens, ob erwerbstätig oder nicht, und die Väter machen Karriere.

Mir ist es klar, daß da viel Vorwand dahintersteckt. Allzu lange haben Männer die Mutterschaft in dem Sinne verherrlicht, daß Mütter auf keinen Fall erwerbstätig sein dürfen, und warum? Weil für die Väter dabei so gleichsam als Nebenprodukt eine unbezahlte Hausarbeiterin anfällt, die für das seelische und körperliche Wohl auch des Mannes verantwortlich zeichnet. Kinder werden oft als Vorwand mißbraucht, um Männern Vollzeit-Haushälterinnen zu verschaffen. Wie schnell es mit der Verherrlichung der «nichterwerbstätigen Mutter» ein Ende haben kann, läßt sich übrigens sehr schön bei Scheidungen oder Trennungen mitverfolgen. Da entlarven sich dann die Mutterschafts-Verherrlicher manchmal, ohne mit der Wimper zu zucken. Dieselben Männer, die immer darauf bestanden haben, daß ihre Frau zu Hause sei, selbstredend nur wegen der Kinder, dieselben Männer finden plötzlich, die von ihnen geschiedene oder getrennte Frau könnte ja auch ein wenig erwerbstätig sein, damit die Unterhaltsbeiträge weniger hoch sein müssen. Wenn es dem Herrn Pascha selbst nicht mehr dient, wenn er selbst von der Vollzeit-Haushälterin nicht mehr profitieren kann, dann haben es die Kinder plötzlich nicht mehr nötig, daß ihre Mutter immer zu Hause ist ... Seltsame Wandlungen machen Männer bisweilen durch.

Daß Kinder heute notgedrungen in der Frauenwelt sind, das liegt nicht etwa daran, daß sie zur Mutter von Natur aus eine soviel intensivere Beziehung hätten als zum Vater. Es liegt daran, wie wir Frauenwelt und Männerwelt organisiert haben. Kinder haben in der Männerwelt keine Existenzberechtigung, und die Männerwelt bestimmt ohne jegliche Rücksicht auf allfällige Kinder darüber, wieviel Zeit der erwerbstätige Vater oder die erwerbstätige Mutter für ihr Kind aufwenden darf. Dort liegt das Problem und nicht etwa darin, daß die Rabenmütter meinen, sie müßten um alles in der Welt «arbeiten gehen». Es ist sehr verlogen, im Zusammenhang mit Kindern, die Frauen für alles verantwortlich zu machen, um von der Verantwortungslosigkeit der Männerwelt gegenüber den Kindern abzulenken.

Wie viele Frauen in der Schweiz sind eigentlich in der Situation, Kinder *unter 16 Jahren zu haben und in ungetrennter Ehe zu leben? Auf wie viele Frauen trifft das Argument überhaupt zu, daß sie «wegen der Kinder nicht erwerbstätig sein sollen»? In der Schweiz haben nur 21% aller Frauen im heiratsfähigen Alter Kinder unter 16 Jahren und leben in ungetrennter Ehe*. Die anderen 79% haben gar keine Kinder, noch keine Kinder oder keine Kinder unter 16 Jahren mehr, oder sie haben einen andern Zivilstand oder leben getrennt vom Ehemann. Von jenen 21% wären nun noch jene Frauen abzurechnen, die erwerbstätig sein müssen, weil das Einkommen des Ehemannes für den Familienunterhalt nicht ausreicht. Diesen Frauen hilft es ja wenig, wenn der moralische Grundsatz aufgestellt wird, Frauen mit Kindern sollten nicht erwerbstätig sein, denn das ist für sie finanziell einfach nicht möglich. Das Argument «wegen der Kinder nicht erwerbstätig zu sein» trifft also letztlich nur auf einen sehr kleinen Teil aller erwachsenen Frauen zu, jedenfalls auf weniger als 20% aller Frauen im heiratsfähigen Alter. Und doch hat das «Nicht-erwerbstätig-sein-Sollen» dieser kaum 20% für über 80% der übrigen Frauen verheerende Folgen.*

Daß wir immer meinen, die Gruppe der verheirateten Frauen mit Kindern sei viel größer als sie es tatsächlich ist, das ist nicht verwunderlich. Unsere Kultur ist von Männern geprägt, unsere Schulbücher sind größtenteils von Männern gemacht, und da treten die Frauen eben in der Lebenssituation auf, in welcher sie den Männern am meisten dienen, nämlich als Betreuerinnen und Erzieherinnen der Kinder dieser Männer. In unserer männlich dominierten Kultur gibt es die Frauen nicht. Erst dadurch, daß sie sich in bezug zum Mann stellen, daß sie zum Beispiel vom Fräulein zur Frau werden und den Familiennamen des Mannes übernehmen, treten sie in Erscheinung. Erst dadurch, daß sie die Kinder des Mannes aufziehen und damit zu Dienerinnen des Mannes werden, treten sie in den Schulbüchern auf. Mensch sein heißt in unserer Kultur Mann sein oder Dienerin des Mannes sein.

In einem Modell mit 20–30 Stunden Erwerbsarbeit pro Woche stimmen die Schulzeiten mit der Arbeitszeit der Eltern oder ab-

---

* vgl. «Die Stellung der Frau in der Schweiz», Bericht der Eidg. Kommission für Frauenfragen, Teil II, Seite 107.

wechselnd mit einem Elternteil überein, das heißt, die Schule findet zum Beispiel von 9 bis 15 Uhr statt, mit kurzer Mittagspause und mit einfacher Mittagsverpflegung. Kinder besuchen ab drittem oder viertem Jahr einen Kleinkindergarten, der inklusive Mittagspause und einfacher Verpflegung täglich ebenfalls vier bis sechs Stunden dauert. Solche Kleinkindergärten brauchen wir uns nicht unbedingt im heute üblichen Stil vorzustellen. Vor allem für die kleineren Kinder könnten es kleinere Gruppen von acht bis zehn Kindern sein, vielleicht dezentralisiert nach einzelnen Straßenzügen oder Quartierteilen. Etwas größere Kinder besuchen dann den Kindergarten, bis sie in die Schule eintreten. Sollte sich für die Arbeitszeit ein Modell mit verschiedenen Tagesschichten durchsetzen (zum Beispiel 7–12, 9–15, 12–17), so müßten inbesondere alleinstehende Elternteile ein Vorrecht auf diejenige Tagesschicht haben, die mit Kindergarten- und Schulzeit übereinstimmt.

Wie können in diesem Modell Kinder von der Geburt bis zum Eintritt in den Kleinkindergarten betreut werden, das heißt also während der drei oder vier ersten Lebensjahre? Für diese Zeit kann jedem Elternteil ein bezahlter Kinderurlaub von achtzehn bis vierundzwanzig Monaten gewährt werden, und zwar abwechslungsweise. Selbstverständlich würde dieser Urlaub bei Geburt eines weiteren Kindes vor Ablauf der Urlaubsdauer für das vorhergehende Kind abbrechen und für das weitere Kind neu beginnen. Allerdings müßte die Regelung so getroffen werden, daß beide Elternteile notwendigerweise eine gleich lange Urlaubszeit beziehen. Da die gleich lange Urlaubsdauer für Frauen und Männer außerordentlich wichtig ist, möchte ich eine konkrete Regelung kurz an einem Beispiel zeigen: Die Kinderurlaubsdauer für jeden Elternteil betrage pro Kind achtzehn Monate. Zwei Jahre nach der Geburt des ersten Kindes wird das zweite Kind geboren, das heißt die Urlaubsdauer von insgesamt sechsunddreißig Monaten für das erste Kind bricht ab, und der Urlaub für das zweite Kind beginnt zu laufen. Falls das erste Kind während achtzehn Monaten von der Mutter und während sechs Monaten vom Vater betreut worden ist, verteilt sich die Urlaubszeit für das zweite Kind nun nicht gleichmäßig auf Mutter und Vater, das heißt, in diesem Beispiel stehen Mutter und Vater für das zweite Kind nicht je achtzehn Monate zu. Vielmehr sind die beiden Urlaubsperioden gesamthaft zusammenzurechnen und gleichmäßig auf beide Elternteile zu verteilen. Für das erste Kind wurden insgesamt vierundzwanzig Monate Urlaub bezogen, für das zweite Kind werden gesamthaft sechsunddreißig Monate gewährt, also zusammen sechzig Monate. Die Mutter hat schon achtzehn Monate bezogen, der Vater hat sechs, also stehen der Mutter für das zweite Kind zwölf Monate und dem Vater vierundzwanzig Monate zu.

Warum ist das so wichtig? Die Versorgungsunabhängigkeit hat nicht nur die ideelle Zielsetzung, daß wir die Spaltung in Frauenwelt und Männerwelt überwinden, sondern sie macht sich auch ganz klar zur Aufgabe, eine Grundlage für die Beseitigung der Frauendiskriminierung in den Bereichen Bildung und Berufsausübung zu schaffen. Das ist aber nur möglich, wenn Frauen und Männer im Erwerbsleben effektiv genau gleich präsent sind. Wenn sich nun durch die Hintertür des Kinderurlaubes wiederum eine durchschnittlich ungleiche Präsenz von Frauen und Männern einschleichen würde, indem Frauen durchschnittlich mehr Kinderurlaub beziehen als Männer, so wäre die gleiche Präsenz im Erwerbsleben wieder gestört. Es wäre wieder der Ansatzpunkt für geringere Ausbildung der Frauen gegeben, also für geringere Aufstiegschancen der Frauen und schließlich für geringere Frauenlöhne. Frauen wären wiederum «kinderurlaubsverdächtiger» als Männer, es würde ihnen wieder der unsichtbare Stempel «nur vorübergehend anwesend» anhaften, und dies würde sich wiederum für alle Frauen diskriminierend auswirken, auch für jene, die selber gar keine Kinder haben. Deshalb ist es außerordentlich wichtig, daß Männer wegen Vaterpflichten durchschnittlich genauso lange aus dem Erwerbsleben ausscheiden wie Frauen wegen Mutterpflichten. Nur so kann erreicht werden, daß Frauen durch Mutterschaft im Erwerbsleben nicht mehr diskriminiert werden.

Übrigens: auch Kindern wäre es zu gönnen, wenn sie nicht nur Mütter, sondern auch Väter hätten – wobei das Wörtchen «nur» hier nicht wertend gemeint ist. Väter, die sich der übermäßigen Beanspruchung durch die Erwerbsarbeit nicht ganz bewußt zu entziehen suchen, haben für ihre Kinder heute nicht genügend Zeit. Soll ich da die Schlagworte «Vaterlosigkeit» und «Überbemutterung» anführen? Mir scheint, es läßt sich eine einfache Überlegung anstellen: Die Menschheit besteht nachweislich etwa zur Hälfte aus

Frauen und etwa zur Hälfte aus Männern. Und wenn ein Kind von Geburt an bis zum Erwachsenenalter langsam in diese Menschheit hineinwachsen und sich in der Gesellschaft zurechtfinden soll, so soll es gleich viel weibliche und männliche Bezugspersonen haben, und zwar möglichst gleichzeitig. Wenn das Kind nicht immer Bezugspersonen beiderlei Geschlechtes hat, so muß es doch irgendwie ein schiefes Weltbild bekommen, oder eben das Bild einer Welt, die in Frauen- und Männerwelt gespalten ist, und genau das gilt es mit der Versorgungsunabhängigkeit zu überwinden.

In einem Modell mit 20–30 Stunden Erwerbsarbeit pro Woche würde sich die Betreuung der Kinder so einrichten lassen, daß beiden Elternteilen je ein bezahlter Kinderurlaub von 18–24 Monaten gewährt würde. Wichtig wäre dabei, daß Väter durchschnittlich gleich viel Kinderurlaub beziehen wie Mütter. Vom dritten oder vierten Jahr an könnten Kinder während 4–6 Stunden pro Tag in kleinen Gruppen möglichst dezentralisierte Kleinkindergärten besuchen. Kindergarten- und Schulzeit müßten sich mit der Arbeitszeit der Eltern oder abwechslungsweise eines Elternteiles koordinieren lassen, sie würde täglich etwa 4–6 Stunden betragen.

Schluß mit den Familienernährer-Löhnen

Wenn die Arbeitszeit verkürzt wird und die Löhne gleich hoch bleiben, so verändert sich das Verhältnis zwischen Lohn und Arbeitszeit. Wenn die Arbeitszeit hingegen um ein Drittel verkürzt wird und die Löhne gleichzeitig um ein Drittel sinken, so verändert sich das Verhältnis zwischen Lohn und Arbeitszeit nicht. Die Versorgungsunabhängigkeit schließt es zwar nicht aus, daß sich das Verhältnis zwischen Arbeitszeit und Lohn verändert, aber abgesehen von den niedrigsten Löhnen verlangt sie nicht etwa notwendigerweise eine Veränderung dieses Verhältnisses. Inwieweit hingegen in den nächsten Jahren und Jahrzehnten die Rationalisierung im Arbeitsprozeß das Verhältnis zwischen Lohn und Arbeitszeit verändern wird, ist eine ganz andere Frage und hat mit Versorgungsunabhängigkeit direkt nichts zu tun. Ihr Zusammenhang mit den Rationalisierungsbestrebungen besteht einzig darin, daß beides in die Richtung geht, die Normalarbeitszeit für die einzelne Person zu verkürzen. Die verfügbare Arbeit muß auf alle erwachsenen Frauen und Männer im erwerbsfähigen Alter umverteilt werden, das heißt die Arbeitszeit und der Verdienst müßten umverteilt werden. Ansatzpunkte für eine andere Verteilung der Arbeitsplätze sind bereits besprochen worden. Wie steht es nun aber mit dem Verdienst?

Von der Lohnsumme her gesehen sollte die Wirtschaft eine solche Veränderung verkraften können. Die in der Schweiz zur Verfügung stehende Erwerbsarbeit und der dadurch erzielte Verdienst reicht bei weitem aus, die gesamte Bevölkerung zu erhalten. Nach einer Umverteilung der Erwerbsarbeit auf alle Erwachsenen reicht dieser Verdienst für den Lebensbedarf der gesamten Bevölkerung ebenfalls aus. Allerdings erzielen die einzelnen Erwerbstätigen keine Familienernährer-Einkommen mehr, und das ist ein ganz entscheidendes Merkmal der Versorgungsunabhängigkeit. Heute sind Löhne dafür berechnet, daß ein Familienvater sich selbst, seine Frau und seine Kinder erhalten kann. Versorgungsunabhängigkeit läßt es nun ohne weiteres zu, daß sich mittlere und hohe Einkommen im Verhältnis der Arbeitszeitverkürzung verringern. Anders steht es mit den niedrigsten Einkommen. Sie sind auch heute keine Familienernährer-Einkommen, denn sie reichen effektiv nicht aus für den Unterhalt einer Familie mit Kindern. Würden solche Einkommen im Verhältnis der Arbeitszeitverkürzung verringert, so würden sie unter Umständen für den Unterhalt einer erwachsenen Person allein nicht mehr ausreichen. Die Versorgungsunabhängigkeit läßt somit eine Einkommensverringerung im Verhältnis der Arbeitszeitverkürzung zu, verlangt aber gleichzeitig, daß Mindestlöhne festgesetzt werden, die für die wirtschaftliche Versorgung einer alleinstehenden erwachsenen Person ausreichen. Das bedeutet nun überhaupt nicht, daß es keine Reallohnerhöhungen mehr geben kann: Ob und inwieweit Reallohnerhöhungen möglich sind, läßt die Versorgungsunabhängigkeit völlig offen. Sie schließt einzig aus, Reallohnerhöhungen dafür zu verwenden, daß eine Arbeitnehmerin oder ein Arbeitnehmer neben dem eigenen Lebensunterhalt noch die Existenz einer anderen Person finanziert, denn die Versorgungsunabhängigkeit bedingt die finanzielle Selbstversorgung aller gesunden Erwachsenen im erwerbsfähigen Alter. Diese finanzielle Selbstversorgung ist selbstverständlich auch in Hausgemeinschaften von zwei oder mehreren Personen möglich. Entscheidend ist dabei einzig, daß jede dieser Personen einen so großen Beitrag an die Gemeinschaft leisten kann, daß es ihr mit dem entsprechenden Verdienst auch möglich wäre, für den eigenen Lebensunterhalt als alleinstehende Person aufzukommen.

Was die Lebenshaltungskosten von Kindern und die für Kinder geleistete Arbeit anbelangt, gehen die Meinungen sehr weit auseinander. Es gibt Leute, die sämtliche Kinderzulagen am liebsten wieder abschaffen würden, weil sie finden, Kinder seien restlos Privatsache, die Eltern hätten über sie das ausschließliche Bestimmungsrecht, und die Eltern sollten deshalb auch allein für sie aufkommen. Auf der anderen Seite gibt es die Meinung, die Allgemeinheit müsse nicht nur für sämtliche Lebenshaltungskosten von Kindern aufkommen, sondern die Allgemeinheit müsse den Eltern für die Betreuungs- und Erziehungsarbeit einen Lohn bezahlen. In der Versorgungsunabhängigkeit müssen die Lebenskosten eines Kindes von der Gemeinschaft bezahlt werden, und zwar vollumfänglich, das heißt, ein Kindergeld muß einiges über das hinaus gehen, was heute an Kinderzulagen ausgerichtet wird. Dies ist vor allem sehr wichtig, weil es prinzipiell keine Familienernährer-Löhne mehr geben darf. Wenn wir in den Löhnen wiederum Kinderunterhalts-Komponenten zulassen würden, so wären bereits wieder Ansätze zu Familienernährer-Löhnen vorhanden. Es wäre dann nicht mehr sicher, ob nun die Mutter oder der Vater eher Anspruch auf einen Lohn mit Kinderunterhalts-Komponente habe, es könnte sich wieder die unterschwellige Meinung verbreiten, der Vater sei für den Kinderunterhalt etwas mehr verantwortlich als die Mutter – die Mutter leiste demgegenüber etwas mehr unbezahlte Arbeit für die Kinder –, und schon wären wir wieder bei den höheren Männerlöhnen angelangt. Deshalb ist es richtig, ganz klar zu trennen: Der Verdienst ist ausschließlich für den individuellen Lebensunterhalt einer erwachsenen Person bestimmt, und wer Kinder aufzieht, erhält ein kostendeckendes Kindergeld.

Die Betreuungs- und Erziehungsarbeit der Eltern soll hingegen in der Versorgungsunabhängigkeit nicht durch die Allgemeinheit entschädigt werden. Es sollen unentgeltliche und gemeinschaftlich finanzierte Einrichtungen zur Verfügung stehen, die diejenigen Eltern oder Elternteile in der Betreuungsarbeit entlasten können, welche individuell das Bedürfnis nach einer solchen Entlastung haben. Unentgeltlich müssen diese Einrichtungen sein, weil einerseits das Kindergeld nur die effektiven Lebenskosten des Kindes deckt und somit durch diesen Lebensunterhalt bereits aufgebraucht ist, und weil andererseits der Verdienst des Elternteils selbst ausschließlich für seinen individuellen Lebensunterhalt gedacht ist. Aber insoweit die Eltern ihre Kinder selber betreuen, auf die Benutzung der unentgeltlichen Einrichtungen verzichten und selber Betreuungsarbeit leisten, darf diese Arbeit in der Versorgungsunabhängigkeit nicht bezahlt werden. Würden wir die Betreuungsarbeit entschädigen wollen, so entstünden wiederum gefährliche Ansatzpunkte für eine ungleiche Präsenz von Frauen und Männern im Erwerbsleben: Es wäre dann unter Umständen plötzlich möglich, daß Personen ihren eigenen Lebensunterhalt durch Betreuung der eigenen Kinder, und damit verbunden durch Haushaltführung verdienen würden, und diese Personen wären auf Grund der Tradition wieder vorwiegend Frauen. Nicht nur hätte die dadurch entstehende ungleiche Präsenz der Geschlechter im Erwerbsleben für alle Frauen wiederum diskriminierende Folgen, sondern es würde zusätzlich das Problem des Wiedereintretens dieser Frauen ins Erwerbsleben entstehen und damit vielleicht auch die Frage, ob dieser Wiedereinstieg überhaupt zumutbar sei, ob nicht vielleicht doch der Mann für diese Frau aufkommen sollte, womit wieder das alles durchkreuzende Ungeheuer des Familienernährer-Lohnes am Horizont auftauchen müßte.

Ich höre sie schon, die Frage: «Wer soll das bezahlen?» Dazu noch kurz eine Überlegung: Heute bezahlen wir in der Schweiz ohne Krankenkassenbeiträge für die obligatorische Altersvorsorge und den Kinderzulagenausgleich etwa 10% des Lohnes. In den 44 Stunden Normalarbeitszeit wird also etwa 40 Stunden für den ausbezahlten Lohn und 4 Stunden für die Sozialversicherung gearbeitet. Bei einer Normalarbeitszeit von 24 Stunden könnte man zum Beispiel sagen, 20 Stunden wird für den Lohn gearbeitet und auch hier 4 zusätzliche Stunden für die Sozialversicherung. Dann würden aber insgesamt 20% der Lohnsumme in die Sozialversicherung fließen, und damit wäre einiges an Kindergeld und Kinderurlaub zu bezahlen. Und die vier zusätzlichen Stunden Arbeit für die Sozialversicherung drücken die einzelnen bei einer Normalarbeitszeit von 24 Stunden erst noch viel weniger als die vier Stunden, die sie heute bei einer Normalarbeitszeit von 44 Stunden erbringen. Denn bei einer Normalarbeitszeit von 24 Stunden pro Woche ist die Erwerbsarbeit im ganzen gesehen nicht mehr so drückend.

Wenn wir zur Versorgungsunabhängigkeit übergehen, gibt es keine Familienernährer-Löhne mehr. Der Verdienst jeder erwerbstätigen Person wird ausschließlich für den individuellen Lebensunterhalt dieser Person verwendet. Für Kinder zahlt die Sozialversicherung ein Kindergeld, das die Lebenskosten des Kindes vollumfänglich deckt. Zwar muß ein Minimallohn festgesetzt werden, der den Lebensunterhalt einer alleinstehenden erwachsenen Person deckt, darüberliegende Einkommen können sich aber im Verhältnis der Arbeitszeitverkürzung verringern.

Denken in Zielvorstellungen und Generationen

Wenn wir von einem Tag auf den andern verfügen würden, es hätten nun alle Frauen und Männer im erwerbsfähigen Alter erwerbstätig zu sein, so hätte dies im Einzelfall recht unmenschliche Verhältnisse zur Folge. Wenn eine Frau heute 58 Jahre alt ist, seit 35 Jahren verheiratet und ebenso lange nicht erwerbstätig, so ist es ihr nicht zuzumuten, noch einige Jahre bis zum Pensionierungsalter eine Erwerbsarbeit aufzunehmen. Umgekehrt dürfte es leider relativ aussichtslos sein, den Ehemann dieser Frau noch zur hälftigen Übernahme der Hausarbeit bringen zu wollen, falls er sich nicht schon seit jeher auf diesem Gebiet betätigt hat. Die Versorgungsunabhängigkeit verlangt nicht nur Veränderungen der Arbeitswelt, sondern verlangt auch ein tiefgreifendes Umdenken, eine Veränderung in den Lebensgewohnheiten der einzelnen Menschen.

Jedoch wäre es nun völlig falsch anzunehmen, die Zeit für die Überwindung der Spaltung in Frauen- und Männerwelt werde schon von selbst reifen. Wenn sich heute gewisse Anzeichen der Umverteilung bezahlter und unbezahlter Arbeit bereits feststellen lassen, indem sich da und dort jüngere Leute mit Teilzeit- oder

Temporärarbeit und hälftiger Aufteilung der Betreuungsarbeit unter Mutter und Vater einen individuellen Ausweg suchen, darf uns dies nicht darüber hinwegtäuschen, daß weitaus die meisten Leute in völlig festgefahrenen Strukturen leben und arbeiten müssen. Diese Strukturen sind oft so festgefahren, daß es den darin gefangenen Menschen – selbst wenn sie ein Unbehagen über diese Situation verspüren – schon gar nicht in den Sinn kommen kann zu fragen, ob das alles denn wirklich so bleiben müsse. Wenn wir nicht aktive Anstrengungen unternehmen, um die Spaltung zu überwinden, so wird sie noch jahrzehntelang weitergehen, werden in der Männerwelt noch jahrzehntelang diejenigen Männer und wenigen Frauen am meisten zu sagen haben, die die weiblich definierten Wertvorstellungen am intensivsten aus sich heraus verbannt haben, und in der Frauenwelt wird den Mädchen noch jahrzehntelang gesagt werden «... du heiratest ja doch einmal».

Der Mittelweg liegt darin, daß wir in langfristigen Zielvorstellungen denken. Ältere Menschen haben einen gewissen Anspruch darauf, ihr Leben mehr oder weniger in der gewohnten Weise zu Ende zu führen, es sei denn, diese Lebensweise sei mit großen Ungerechtigkeiten für andere verbunden. Jüngere Menschen können demgegenüber ohne weiteres zu neuen Lebensformen finden, grundsätzlich umdenken, und sie können diese Einstellung später bis ins Alter beibehalten. Für so grundlegende Veränderungen, wie es die Überwindung der Spaltung darstellt, liegt es deshalb sehr nahe, in Zeiträumen von Generationen zu denken. Die zwei folgenden Beispiele zeigen, was mit diesem Denken in Generationen gemeint ist.

Das erste Beispiel ist die Sozialversicherung. Wenn alle Frauen und Männer im erwerbsfähigen Alter erwerbstätig sind und der Verdienst einer Person nur für ihren individuellen Lebensunterhalt bestimmt ist, hat die Sozialversicherung zum Teil andere Leistungen zu erbringen als heute. Sie muß neu das kostendeckende Kindergeld ausrichten, das die heutigen Kinderzulagen ersetzt, dafür fallen sämtliche Hinterlassenenrenten weg. Es gibt keine Witwenrenten, keine Waisenrenten, keine Zusatzrenten für Ehefrauen, keine Ehepaarrenten, denn das alles ist nicht mehr nötig, weil jede Person versorgungsunabhängig geworden ist. Es braucht nur noch für jede Person im erwerbsfähigen Alter eine Absicherung gegen

Krankheit oder Invalidität und später eine Altersrente, die allein für diese Person bestimmt ist.

Das zweite Beispiel ist das Scheidungsrecht: Wenn die Versorgungsunabhängigkeit Wirklichkeit geworden ist, werden bei Scheidungen keine Unterhaltsrenten mehr zugesprochen. Für Kinder braucht es keine Unterhaltsbeiträge mehr, weil ihr Lebensunterhalt durch das kostendeckende Kindergeld abgesichert wird. Für den geschiedenen Ehegatten braucht es keine Unterhaltsbeiträge mehr, weil die beiden Ehepartner ja ohnehin versorgungsunabhängig waren und die Ehe daran nichts geändert hat. «Aber dann gäbe es ja noch viel mehr Scheidungen ...» könnte nun eingewendet werden. Ein solcher Einwand geht von einem nicht sehr menschenfreundlichen Standpunkt aus, denn er nimmt in Kauf, daß Ehen nur deshalb nicht geschieden werden, weil es sich der unterhaltspflichtige Ehepartner nicht leisten kann.

Es ist völlig undenkbar, demnächst einmal am Tage X allen Witwen ihre Witwenrenten und allen geschiedenen Frauen sowie ihren Kindern die Unterhaltsrenten zu streichen. Hingegen wäre es durchaus denkbar, demnächst einmal festzulegen, wie lange diese Leistungen der Sozialversicherung und der geschiedenen Ehegatten noch erfolgen sollen, und in welcher Staffelung sie aufgehoben werden können, ohne daß dies zu stoßenden Härtefällen führt.

Die Staffelung müßte selbstverständlich in größeren wirtschaftlichen Zusammenhängen abgewogen werden, und es ist ein Generationen-Denken nötig: Was der Großmutter und dem Großvater nicht zumutbar ist, kann der Mutter und dem Vater bereits teilweise und dem Kind für sein zukünftiges Leben durchaus vollumfänglich zugemutet werden. Oder anders gesagt: Durch den Freiheitsgrad, den die Versorgungsunabhängigkeit für jede Person mit sich bringt, würden sich heute einige vorwiegend ältere Leute überfordert fühlen. Frauen müßten ängstlich reagieren, wenn sie plötzlich ohne wirtschaftlichen Versorger dastehen würden, Männer müßten ängstlich reagieren, wenn sie ohne häusliche Versorgerin wären, obschon objektiv gesehen die Freiheit und Unabhängigkeit beider viel größer wäre, wenn sie beide Teile der Versorgung selbst übernehmen könnten. In diese Freiheit und Unabhängigkeit müssen Menschen langsam hineinwachsen, und es wird nicht leicht sein. Schließlich ist uns über Generationen weisgemacht worden,

Frauen würden eine wirtschaftliche Versorgung durch einen Mann und Männer eine häusliche Versorgung durch eine Frau brauchen. Es sind aber auch praktisch in vielen Bereichen so grundlegende Veränderungen nötig, daß der Übergang vom Alten zum Neuen über eine längere Zeit hinweg geschehen muß. Wenn im Jahre 2030 die Sozialversicherung wirklich keine Leistungen mehr an wirtschaftlich «Versorgte» erbringt, weil sie davon ausgeht, alle seien versorgungsunabhängig, so muß die Erwerbsarbeitszeit bis dahin so verkürzt worden sein, daß es effektiv für alle Personen zu einem Arbeitsplatz reicht.

Gerade weil wir so lange Übergangsfristen vorsehen müssen, ist es unbedingt notwendig, die Weichen bald zu stellen. Wenn wir – um beim gewählten Beispiel zu bleiben – im Jahre 2030 Versorgungsunabhängigkeit haben wollen, müssen wir heute mit den Veränderungen beginnen. Wir müssen den Hauswirtschaftsunterricht bereits heute auch für Knaben obligatorisch erklären, wir müssen bereits heute die Schulzeiten in Richtung Blockzeit in der Tagesmitte vereinheitlichen, wir müssen bereits heute die Möglichkeiten der freiwilligen Arbeitszeitverkürzung fördern, wir müssen bereits heute verlangen, daß das Erwerbsarbeitsleben auf die Bedürfnisse des Privatlebens und der Kinder mehr Rücksicht nimmt, wir müssen bereits heute die ganze Gesetzgebung auf diesen Wandel der nächsten 50 Jahre ausrichten und ihn soweit möglich auch aktiv fördern. Vor allem aber müssen wir bereits heute ganz radikal mit den berühmten Sprüchen aufräumen, die die Familienernährerrolle zementieren: «Du heiratest ja doch einmal...» zu Mädchen, und «Wie willst du einmal für Frau und Kinder sorgen können, wenn du so schlechte Noten heimbringst?» zu Knaben. Für Mädchen und Knaben kann es nur noch heißen: «Ob du heiratest oder nicht, spielt eigentlich keine Rolle, aber für dich selbst mußt du aufkommen können...»

Daß sich so tiefgreifende Veränderungen auch des praktischen Lebens innert einigen Jahren nicht verwirklichen lassen, liegt auf der Hand. Wenn derartige Veränderungen nicht zu unmenschlichen Verhältnissen führen sollen, müssen sie langfristig angelegt sein. Vor allem ist ein Denken in Generationen nötig, denn ältere Menschen können schwerlich zu

völlig neuen Lebensformen finden. Jüngere Menschen können jedoch neue Lebensformen bis ins Alter beibehalten. Wenn wir Versorgungsunabhängigkeit bis in 50 Jahren tatsächlich erreichen wollen, müssen wir heute schon mit spürbaren Veränderungen beginnen.

Vielfalt der Lebensformen

Wenn alle erwachsenen Personen versorgungsunabhängig geworden sind, heißt das noch lange nicht, daß sie sich nicht mehr zu Hausgemeinschaften zusammenschließen. Es wird kaum weniger Personen als heute geben, die Beziehungen eingehen, aber die Hausgemeinschaften werden möglicherweise vielfältigere Formen annehmen.

Heute besteht ein ausgeprägter Zwang zur Hausgemeinschaft in Form der Kleinfamilie. Diese Familienform trägt in der heutigen Situation sehr stark dazu bei, daß die Spaltung in Frauen- und Männerwelt aufrechterhalten werden kann. Wenn Eltern in der Kleinfamilie bezahlte und unbezahlte Arbeit gleichmäßig aufteilen möchten, braucht es schon einige glückliche Zufälle, bis beide Teilzeitarbeitsplätze gefunden haben, die vom selben Wohnort aus errreichbar sind und die neben der beidseitigen Erwerbsarbeitszeit die Kinderbetreuung ohne Inanspruchnahme von Drittpersonen erlauben. Ist dies dank glücklicher Zufälle möglich, so kommen weitere Schwierigkeiten, indem die ganze Sozialversicherung lediglich auf Kleinfamilien mit traditioneller Arbeitsteilung ausgerichtet ist. Eltern, die bezahlte und unbezahlte Arbeit gleichmäßig aufteilen, sind durch die Sozialversicherung vor den Risiken Invalidität und Tod der familienernährenden Person in der Regel nur zur Hälfte abgedeckt, nämlich insoweit der Mann Familienernährer ist. Sie müssen deshalb zusätzlich teure Privatversicherungen abschließen, wenn sie gleich gut versichert sein wollen wie Familien mit traditioneller Arbeitsteilung. Daß sie ungeachtet dieser zusätzlichen Kosten gleich viel Beiträge an die Sozialversicherung zahlen müssen wie alle andern Leute, versteht sich von selbst, das heißt, die Versicherung der Kleinfamilie mit traditioneller Arbeitsteilung wird heute zum Teil von den Eltern mit nicht traditioneller Arbeitsteilung finanziert. Immer mehr Elternpaare oder alleinstehende Elternteile schließen sich zu größeren Hausgemeinschaften zusammen, um in der Arbeitszeit und der Kinderbetreuung flexibler zu sein. Sie müssen jedoch häufig feststellen, daß Wohnraum für Großfamilien kaum zu finden ist. Auch der Wohnungsbau ist völlig auf die Kleinfamilie ausgerichtet, um ein weiteres Beispiel zu nennen.

Aber nicht nur die äußeren Umstände treiben die Menschen heute geradezu ins Kleinfamiliendasein mit traditioneller Arbeitsteilung. Da wäre einmal der Aufstieg «vom Fräulein zur Frau», der im dritten Kapitel beschrieben worden ist, und der einiges zur Institution der Kleinfamilie beiträgt. Dann die an der gleichen Stelle beschriebene verhängnisvolle stolze Haltung von Männern «Meine Frau muß nicht arbeiten gehen!», die das ihre zur traditionellen Arbeitsteilung beiträgt. Die Sache geht jedoch noch tiefer: Wenn wir Frauen systematisch zu Männlichkeitskrüppeln und Männer systematisch zu Weiblichkeitskrüppeln machen, so müssen sie bis zuletzt zur Überzeugung kommen, eine Frau ohne Mann oder ein Mann ohne Frau sei nur eine halbe Sache.

Es fragt sich ernsthaft, ob diese Haltung eine ideale Grundlage für eine gute Beziehung zwischen einer Frau und einem Mann sei. Sie ist es ebensowenig wie der heute noch bestehende gesellschaftliche Zwang für die Frau, einen wirtschaftlichen Versorger zu finden, und der gesellschaftliche Zwang für den Mann, eine häusliche Versorgerin zu finden. Wenn eine Beziehung zwischen einer Frau und einem Mann nur deshalb eingegangen oder aufrechterhalten wird, weil die beiden wirtschaftlich aufeinander angewiesen sind, so ist das eine denkbar schlechte Voraussetzung für eine gute menschliche Beziehung. Wahrscheinlich leben heute einige Leute in Kleinfamilien, denen diese Lebenssituation eigentlich gar nicht entspricht. Viele Leute akzeptieren die Situation in der Kleinfamilie nur, weil sie sich nichts anderes vorstellen können und weil sie wegen der wirtschaftlichen Gegebenheiten nicht in der Lage sind, ihre Situation zu verändern.

Selbst wenn die wirtschaftlichen Zwänge die Beziehungen zwischen den Menschen nicht mehr einengen, werden sie nicht glücklicher oder problemloser sein. Versorgungsunabhängigkeit garantiert kein Paradies der menschlichen Beziehungen. Und doch ist anzunehmen, daß die Leute eher in der Lage sein werden, ihre Beziehungen entsprechend ihren persönlichen Bedürfnissen zu gestalten, Bedürfnisse, die sich nämlich im Laufe eines ganzen Lebens auch stark wandeln können. Es gibt Menschen, die eine Zeitlang im Leben ein großes Bedürfnis haben, mit einem anderen Menschen intensiv zusammen zu leben, und dies wohl häufig in der Phase der Fortpflanzung und des ersten Lebensjahrzehntes von Kindern. Später aber, in einer anderen Lebensphase, können sich dieselben Menschen mehr auf sich zurückziehen wollen, um vielleicht in einer weiteren Phase eine neue Beziehung einzugehen. Warum eigentlich stempeln wir diese Menschen als unmoralisch ab? Zum Teil deshalb, weil sich die Männerwelt so organisiert hat, daß die Frauenwelt als Infrastruktur für sie lautlos funktionieren muß, und weil derartige Beziehungsveränderungen dieses lautlose Funktionieren der männerweltlichen Infrastruktur in Frage stellen. Natürlich dürfte dies nicht so offen gesagt sein, über dem allem hängt ein recht dichter Schleier von Moral, ehelicher Treue und ähnlichen Dingen. Auch hier haben wir es wahrscheinlich mit dem Gegensatz zwischen Lebensfreundlichkeit und Lebensfeindlichkeit zu tun: Die Männerwelt preßt die Leute in Strukturen hinein, die garantieren sollen, daß diese Leute funktionieren, wirtschaftlich und auch sonst. Daß die Natur des Menschen nur mehr oder weniger in diese Strukturen hineinpaßt, ist der Männerwelt natürlich egal.

Kleinfamilien wird es zweifellos immer geben, aber diese Form wird nur noch eine von verschiedenen möglichen Familienformen darstellen. Daneben werden sich Erwachsene mit oder ohne Kinder zu Großfamilien zusammenschließen, oder es werden einzelne Menschen für kürzere oder längere Zeit allein leben wollen. Es wäre auch denkbar, daß wieder häufiger, wenigstens über gewisse Zeiträume hinweg, Menschen verschiedener Generationen zusammenleben würden, wobei zwischen den Familienmitgliedern gar nicht unbedingt verwandtschaftliche Beziehungen bestehen müssen. Offenere Wohnstrukturen würden es auch ermöglichen, daß die vielfältigen Vorteile der Nachbarschaftshilfe wieder zum Tragen kommen.* Es wird sicher auch immer Menschen geben, die

* Der bereits erwähnte «NAWU-Report» spricht vom «Kleinen Netz» als einer

während des ganzen Lebens in einer Beziehung mit der gleichen Partnerperson und in der Form der Kleinfamilie leben, aber auch das wird nur noch eine von verschiedenen Möglichkeiten sein.

Die Überwindung der Spaltung in Frauenwelt und Männerwelt bringt neue und vielfältigere Lebensformen mit sich. Ein breiteres Feld möglicher und üblicher Lebensformen ist besser geeignet, den verschiedenen Bedürfnissen der Menschen und ihrer stetigen Entwicklung und Veränderung als Kinder, Erwachsene oder Betagte Rechnung zu tragen. Die traditionelle Kleinfamilie wird es immer geben, aber sie wird nur noch eine von verschiedenen möglichen Lebensformen darstellen, die nur noch von jenen Leuten gewählt wird, denen sie besonders entspricht. Möglicherweise werden auch immer mehr Menschen nicht für das ganze Erwachsenenleben dieselbe Lebensform wählen, so daß die Kleinfamilie für viele auch zu einer vorübergehenden Lebensform werden könnte.

Mehr persönliche Freiheit in der Lebensgestaltung

Wenn alle erwachsenen Personen versorgungsunabhängig geworden sind, so werden zwischen ihnen keine Verträge mehr abgeschlossen, wonach die eine Person für die andere sämtliche unbezahlte Arbeit verrichtet und dafür von der anderen Person den Lebensunterhalt bezahlt erhält. Derartige Verträge schließt die Versorgungsunabhängigkeit ein für allemal aus. Solche Verträge würden zwar nicht ausdrücklich verboten, aber die gesamte Organisation unseres Zusammenlebens wäre einfach nicht mehr darauf eingestellt. Derartiges ist übrigens keineswegs neu: Warum gibt es heute fast keine nichterwerbstätigen Männer? Für Männer ist es heute ja nicht verboten, keinem Erwerb nachzugehen. Genauso

---

neuen Form von solidarischer Familienstruktur, in welcher die nachbarliche Hilfe eine wichtige Rolle spielt, und die auf einer Art «Wahlverwandtschaft» zwischen Familien und Personen beruht.

könnte es für alle Personen aussehen: Nicht etwa ein staatlicher Zwang zur Erwerbstätigkeit, aber die ganze Gesetzgebung, die Wirtschaft und die gesellschaftlichen Vorstellungen würden einfach vom Normalfall ausgehen, daß eine gesunde Person im erwerbsfähigen Alter erwerbstätig ist, wobei die Erwerbsarbeit im Leben dieser Person einen kleineren Raum einnähme als heute üblich. Will also die Versorgungsunabhängigkeit einfach die Zwänge, denen die Männer in unserer Gesellschaft unterliegen, nun auch auf die Frauen ausdehnen?

«Aber es ist für eine Frau gewiß nicht schöner, den ganzen Tag am Fließband zu stehen, als ‹zu Hause› zu sein», sagen die einen. «Zu Hause sein», sagen sie. Andere sagen es direkter: «Ich habe mir eine ganze Reihe schöner Betätigungen zugelegt, die meinen Tag ausfüllen, von denen ich aber niemals leben könnte, und das alles könnte ich ja nicht mehr machen, wenn mein Mann nicht für mich aufkäme.» Oder es kommt die knallharte Formulierung: «Klar ist es ein Privileg, nichterwerbstätig sein zu dürfen, aber ich will dieses Privileg nun einmal behalten.» Das ist die Variante der Flucht nach vorne. Sie ist um einiges ehrlicher als die Argumentation mit dem Fließband. Bei letzterer muß ich mich nämlich immer ernsthaft fragen, warum die Betreffenden denn eigentlich nur die Frauen und nicht auch gerade die Männer vor dem Fließband bewahren wollen. Zwar haben es Frauen am Fließband effektiv noch schlechter als Männer, denn ihre Arbeit ist oft noch monotoner und sie erhalten ein Drittel weniger Lohn. Aber diese Begründung kommt nie. Monotonie und geringere Entlöhnung läßt sich bekanntlich nicht dadurch beheben, daß ein Teil der Leichtlohn-Verdienerinnen vom Fließband weg «nach Hause» gerettet wird und die übrigen am Fließband stehen bleiben.

Manchmal habe ich vor solchen Diskussionen Angst gehabt. Ich war überzeugt – und bin es immer noch –, daß Versorgungsunabhängigkeit in verschiedener Hinsicht menschenwürdigere Verhältnisse bringt, und zwar für alle Leute. Aber nur schon vage Andeutungen in dieser Richtung lösen manchmal sehr große Aggressionen aus.

Gespräch in einer Gruppe von gegen 20 Frauen in einem gemütlichen Rahmen. Nichterwerbstätige Frauen, erwerbstätige Frauen, verheiratete und alleinstehende Frauen, Frauen mit und ohne Kinder, Frauen jeden Alters, und das Stricknadelgeklapper, das mich vor einigen Jahren noch hätte die Wände hochgehen lassen und mir heute gemütlich in den Ohren tönt. Das Thema hätte eigentlich «Frauen» geheißen und nicht «Umverteilung der bezahlten und unbezahlten Arbeit», aber ich wurde daraufhin angesprochen und äußerte einige Überlegungen dazu. Noch nie vorher hatte ich so deutliche Reaktionen zu spüren bekommen. Einige Frauen waren sichtlich begeistert über solche Zukunfts-Vorstellungen, andere Frauen begannen immer finsterer dreinzuschauen, und die unterschiedliche Reaktion ging quer durch alle Altersstufen. Die Begeisterten stellten einige Fragen, wie sich denn dieses und jenes praktisch organisieren ließe. Aber plötzlich brach es aus den anderen Frauen heraus, und zwar mit sehr viel Emotion: Sie hätten schließlich das Recht, nichterwerbstätig zu sein, und sie würden zu Hause ja auch etwas leisten. Zunächst hatte ich Glück, denn die Frauen, die Begeisterung gezeigt hatten, wurden offensichtlich für die Idee als mitschuldig betrachtet. Es entspann sich ein Hin und Her, in das ich mich nicht mehr einmischen konnte, und dabei realisierte ich in mir plötzlich eine Angst vor der Aggressivität, die ich offenbar heraufbeschworen hatte. Von dem bißchen Kampfeslust, die in solchen Diskussionen jeweils noch vorhanden war, fehlte mir jede Spur. Ich war blockiert und auch nicht mehr fähig, auf die negativen Gefühle einzugehen. Es hatten sich mittlerweile zwei Fronten gebildet, die Diskussion war hart, emotionell, und ich fühlte mich ihr nicht gewachsen.

Nur das nicht? Nur nicht zeigen, daß ich jetzt nicht fähig war, die Idee durch alle Böden hindurch zu verteidigen, auch wenn ich weiterhin an sie glaube? Warum eigentlich nach Manier der Männerwelt eine Fassade heraushängen, wie ich es früher gewohnt war? Ich sagte, daß ich Angst hätte vor dieser Aggressivität, daß ich mich der Diskussion nicht gewachsen fühlte und wie mir eben zumute war. Wir begannen darüber zu reden, warum wir wohl so Mühe hätten, über dieses Thema zu sprechen, ohne uns bedroht zu fühlen. Später hatte ich wieder ein gutes Gefühl: Frauen aus den verschiedensten Lebenssituationen, wir alle hatten gegenseitig besser verstehen gelernt, warum wir uns bedroht fühlten.

Versorgungsunabhängigkeit hat nicht zur Folge, daß Zwänge, denen Männer heute ausgesetzt sind, einfach unbesehen auch auf die Frauen übertragen würden. Sprechen wir einmal nicht vom Zwang, erwerbstätig zu sein, sondern von der Freiheit, nichterwerbstätig zu sein. Der Blickwinkel bleibt dabei derselbe, nämlich Erwerbsarbeit sei ein «Müssen» und Nichterwerbsarbeit sei eine Freiheit.

Wenn alle Leute 20–30 Stunden pro Woche erwerbstätig sind, wird die Freiheit, nichterwerbstätig zu sein, gleichmäßig auf alle Personen verteilt. Personen, die heute erwerbstätig sind, würden im Vergleich mit heute mindestens 14 Stunden Freiheit gewinnen. Selbst wenn wir von der oberen Grenze wöchentlicher Erwerbsarbeit in diesem Modell, also von 30 Stunden ausgehen, und wenn wir annehmen, eine erwachsene Person habe etwa 7 Stunden Schlaf pro Nacht nötig, so läßt sich leicht die Rechnung anstellen, daß die Erwerbsarbeit durchschnittlich nur noch ein Viertel der Zeit in Anspruch nimmt, die eine Person nicht schlafend verbringt. Gingen wir von einem Minimum von 20 Stunden Erwerbsarbeit aus, so wäre es sogar nur noch etwa ein Sechstel. Vor dem Hintergrund dieser Berechnung sehen nun die Erwerbstätigkeit und die Freiheit, nichterwerbstätig zu sein, etwas anders aus.

Nichterwerbstätigkeit ist übrigens in der Versorgungsunabhängigkeit nicht völlig ausgeschlossen, nur ist sie gleichmäßig auf Frauen und Männer verteilt, und die Phasen der Nichterwerbstätigkeit dürften relativ kurz und vorübergehend sein. Vor allem aber werden die Phasen der Nichterwerbstätigkeit überhaupt nicht mehr durch Haushaltführung und Kinderbetreuung bedingt sein, sondern sie werden auf anderen Gründen beruhen. Möglicherweise wird auch neben dem bezahlten Kinderurlaub das bezahlte Urlaubswesen so ausgebaut werden, daß der Wunsch nach Phasen der Nichterwerbstätigkeit bei allen Leuten von selbst in den Hintergrund tritt: Es ist denkbar, daß die Normalarbeitszeit in einem bestimmten Moment, zum Beispiel statt auf 24 Stunden bei gleichem Verdienst auf 28 Stunden pro Woche festgelegt würde, was zur Folge hätte, daß jede erwerbstätige Person nach drei Jahren Erwerbsarbeit jeweils ein halbes Jahr bezahlten Urlaub zur Weiterbildung oder sonstigen Verwendung beziehen könnte.

Stellen wir nun aber konkret die Frage, wo die persönliche Freiheit in der Lebensgestaltung größer sei, bei Versorgungsunabhängigkeit aller Leute oder in der heutigen Situation. Die grundsätzliche «Freiheit, nichterwerbstätig zu sein», soll es also nicht mehr geben, während heute durchschnittlich 50 % aller Frauen im erwerbsfähigen Alter diese «Freiheit» haben und in Anspruch nehmen. Diese Freiheit hat aber für verschiedene Personen und Personengruppen – auch für die nichterwerbstätigen Frauen selbst – Unfreiheiten zur Folge, die in der Versorgungsunabhängigkeit wegfallen würden. Es liegt deshalb auf der Hand, daß wir alle diese Unfreiheiten zusammennehmen, um zu sehen, was alles an Unfreiheit verglichen mit heute wegfallen würde.

Meine persönliche Stellungnahme dürfte in den bisherigen Ausführungen klar zum Ausdruck gekommen sein. Im größeren Zusammenhang gesehen, hat die «Freiheit» der nichterwerbstätigen Frau, «nicht erwerbstätig zu sein», wenig Gewicht. Eine Waagschale mit dieser «Freiheit» müßte augenblicklich in die Höhe schwingen, wenn wir die andere Seite der Waage mit jenen Unfreiheiten belasten würden, die die heutige Verteilung von bezahlter und unbezahlter Arbeit mit sich bringt. Derartige Unfreiheiten gibt es ja nicht nur für erwerbstätige Frauen und Männer, es gibt sie auch für die nichterwerbstätige Frau selbst. Nichterwerbstätigkeit wird nämlich erkauft durch völlige wirtschaftliche Abhängigkeit von einem anderen Menschen. Können wir unter diesem Vorzeichen überhaupt noch von «Freiheit» sprechen? Ich glaube nicht. Das Prinzip der wirtschaftlichen Unabhängigkeit jedes Menschen ist eine wichtige Grundvoraussetzung für die freie Entfaltung des Menschen. In völliger wirtschaftlicher Abhängigkeit kann Freiheit gar nicht entstehen.

Es kommt aber noch eine andere Überlegung dazu: Für mich ist der Begriff der Freiheit untrennbar verbunden mit dem Begriff der Gleichheit. Freiheit ist für mich nur dann wirkliche Freiheit, wenn alle Leute gleich viel von dieser Freiheit haben. Wenn also die «Freiheit» des «Normalehepaares» mit traditioneller Arbeitsteilung dazu führt, daß meine alleinstehende Nachbarin im Berufsleben diskriminiert ist, weil alle Frauen im Erwerbsleben «Gastarbeiterinnen» sind, oder wenn diese «Freiheit» dazu führt, daß mein anderer Nachbar auf seinem Beruf keine Halbtagsstelle findet und sich deshalb nicht genügend um sein Baby kümmern kann, weil der ganze Arbeitsmarkt nur auf Familienernährer eingestellt ist, dann beginne ich an diesem Freiheitsbegriff zu zweifeln.

Wenn ich schließlich weiß, daß wir nur überleben können, indem wir den Weiblichkeits- und Männlichkeitswahn überwinden, und zwar so rasch wie möglich, und wenn ich sehe, wie direkt die heutige Verteilung der bezahlten und unbezahlten Arbeit zwischen Frauen und Männern mit der Aufrechterhaltung des Weiblichkeits-

und des Männlichkeitswahnes zusammenhängt, so scheint mir die sogenannte «Freiheit», nicht erwerbstätig zu sein, sehr nebensächlich zu werden. So nebensächlich, daß ich überzeugt dafür eintrete, diese vermeintliche «Freiheit» bis in 50 Jahren durch andere, viel entscheidendere und gleichermaßen allen Menschen zugängliche Freiheiten zu ersetzen, zum Beispiel die Freiheit des Überlebens.

In der Versorgungsunabhängigkeit wird die Freiheit in der individuellen Lebensgestaltung für alle Frauen und Männer größer sein als heute. Dies liegt einerseits daran, daß diese Freiheit gleichmäßiger auf die einzelnen Personen verteilt ist und deshalb von der Gesamtheit besser ausgenützt werden kann. Andererseits bringt es in den persönlichen Beziehungen wirtschaftliche Unabhängigkeit für alle Leute, eine der notwendigen Voraussetzungen für die effektive Benützung der individuellen Freiheit.

6 Wie weiter?

Individuelle Veränderungen

Die Überwindung der Spaltung läuft parallel auf ganz verschiedenen Ebenen. Wenn wir die Versorgungsunabhängigkeit verwirklichen wollen, ohne daß sich auf der Bewußtseinsebene Entscheidendes verändert, ohne daß Weiblichkeits- und Männlichkeitswahn überwunden und die Menschen ganz werden, so ist im Prinzip wenig erreicht. Vielleicht kann sogar die Umverteilung der bezahlten und unbezahlten Arbeit ohne diesen Bewußtseinswandel gar nicht stattfinden, weil so tiefgreifende Veränderungen im praktischen Leben getragen sein müssen von einem Veränderungswillen eines stets wachsenden Teils der Menschen.

Jedenfalls aber ist die Überwindung des Weiblichkeits- und Männlichkeitswahnes, also die Veränderung auf der Bewußtseinsebene, nicht möglich, wenn diese Veränderung nicht auch im praktischen Leben sichtbar wird, wenn keine Umverteilung der bezahlten und unbezahlten Arbeit erfolgt, das heißt, wenn nicht die Gegensatzpaare «wirtschaftlich/unwirtschaftlich» und «privat/nichtprivat» überwunden werden. Wahrscheinlich gibt es auch noch eine dritte unbewußte Ebene, auf der parallel dazu Veränderungen stattfinden müssen. Was weiblich sei und was männlich sei, diese Prägungen sind so tief in uns, daß die Überwindung dieser Vorstellungen auch ganz tief unten ansetzen muß.

Immer mehr Menschen versuchen die Spaltung zu überwinden. In letzter Zeit sind vor allem die «Aussteiger» berühmt geworden. Männer mit steilen beruflichen Karrieren, die diese plötzlich nicht mehr fortsetzen, weil sie andere Dinge im Leben als wichtiger ansehen. Interessant übrigens die Feststellung, daß das Aussteigertum erst berühmt wurde, seit Männer aussteigen. Aussteigerinnen hat es immer gegeben, und zwar Aussteigerinnen aus der Männerwelt und Aussteigerinnen aus der Frauenwelt. Aber da Frauen ohnehin zwischen den beiden Lagern hin und her geschoben werden, wurden die Aussteigerinnen eben nicht berühmt.

Auch die Frauen und Männer, die bezahlte und unbezahlte Arbeit untereinander neu aufteilen, die größere Hausgemeinschaften gründen, neue Lebensformen suchen, die ihre Kinder ohne Weiblichkeits- und Männlichkeitswahn erziehen, sie alle tragen entscheidend zur Überwindung der Spaltung bei, denn für sie finden Veränderungen auf allen erwähnten Ebenen statt.

In der neuen Frauenbewegung, die in den sechziger Jahren die USA und wenig später Europa erfaßt hat, spielten und spielen immer noch Selbsterfahrungsgruppen eine große Rolle: Frauen sprechen miteinander über ihre Erfahrungen, entdecken Gemeinsamkeiten und Unterschiede in diesen Erfahrungen, und sie erkennen, welche gemeinsamen Erfahrungen vor allem auf ihre Stellung als Frau zurückzuführen sind. Daß es seit mehreren Jahren auch eine Männerbefreiungsbewegung gibt, in welcher solche Selbsterfahrungsgruppen ebenfalls eine wichtige Rolle spielen, ist für die Überwindung der Spaltung von großer Bedeutung, denn es braucht beides. Befreiung der Frauen vom Weiblichkeitswahn und Befreiung der Männer vom Männlichkeitswahn. Die Frauenbefreiung ist der Männerbefreiung zwar ein schönes Stück vorausgegangen: Viele Frauen sind in den alles dominierenden Strukturen der Männerwelt weniger gefangen und deshalb ist der Schritt zur Befreiung leichter. Die Überwindung der Spaltung setzt jedoch beides voraus: Frauenbefreiung muß an einem gewissen Punkt stillstehen, wenn nicht auch die Männerbefreiung hinzukommt. Oder wie ich es früher formuliert habe: Die Überwindung des Weiblichkeitswahnes ist ohne die Überwindung des Männlichkeitswahnes nicht möglich.

Selbsterfahrungsgruppen sind oft der Anfang jeglicher Veränderung, und doch tragen sie auch eine gewisse Gefahr in sich: Die Mitglieder dieser Gruppen lernen, ihre eigenen Bedürfnisse wahrzunehmen, zu erkennen, welche äußeren Umstände und inneren Vorstellungen ihnen im Wege stehen. Im gemeinsamen Gespräch verändert sich ihr Bewußtsein und befreien sie sich von inneren Barrieren. Später suchen viele teils gemeinsam, teils einzeln nach Wegen, wie auch die äußeren Umstände der neuen Situation angepaßt werden könnten. Dabei kommt es immer wieder vor, daß sich Leute individuell sehr befriedigende Verhältnisse schaffen, eine kleine heile Welt, und daß sie finden, damit genüge es eigentlich.

Individuell mag dies eine Zeitlang stimmen. Niemand ist verpflichtet, die Welt zu verbessern. Und doch kann für die Überwindung der Spaltung die individuelle Problemlösung nicht genügen, denn die Schaffung von Inseln der Menschlichkeit, um die herum die Unmenschlichkeit weitergehen darf, stellt ja gerade ein wichtiges Merkmal dieser Spaltung dar, die es zu überwinden gilt. Was nützt es, Kinder jenseits von jedem Weiblichkeits- und Männlichkeitswahn zu erziehen, wenn sie später in der Schule doch wieder durch die andern Kinder und die Lehrer in diese Vorstellungen hineingezwängt werden?

Noch aus einem anderen Grund können Veränderungen im Privatbereich niemals genügen. Die Überwindung der Spaltung dient ja nicht nur der Befreiung der einzelnen Frauen und Männer, sondern sie ist Voraussetzung dafür, daß wir überhaupt überleben können. Diejenigen Leute, die eingesehen haben, daß es so nicht weitergehen kann, können sich deshalb nicht darauf beschränken, diese Einsicht für sich oder mit einigen Gesinnungsfreundinnen und Gesinnungsfreunden im stillen Kämmerlein zu pflegen. Wenn der Gegensatz zwischen wirtschaftlich und unwirtschaftlich, zwischen mächtig und ohnmächtig wirklich überwunden werden soll, so müssen wir auch den Mut haben, diese Einsichten aus der Ohnmacht herauszuheben und sie mit Macht zu versehen.

Veränderungen im Privatbereich sind außerordentlich wichtig, da sie auf allen Ebenen ansetzen, das Lebensgefühl und das Bewußtsein wie auch die äußeren Umstände verändern. Veränderungen im Privatbereich allein tragen aber die große Gefahr in sich, daß neue Inseln der Menschlichkeit geschaffen werden, die letztlich wiederum an der Außenwelt scheitern. Rückzug in die kleine, heile Welt bedeutet eben auch Rückzug in die Ohnmacht, trägt zur Aufrechterhaltung der Frauenwelt und damit indirekt auch zur Aufrechterhaltung der Männerwelt bei. Es braucht deshalb beides: Die Veränderung im Privatbereich der einzelnen und gleichzeitig eine intensive Öffentlichkeitsarbeit.

Veränderungen in der Öffentlichkeit

Weil Veränderungen im Privatbereich nicht genügen, stellt sich die Frage, was sich in der Öffentlichkeit überhaupt verändern läßt. Wie bei den einzelnen Menschen stoßen wir wiederum auf verschiedene Ebenen. Zunächst die praktische Ebene der Art und Weise, wie wir unser Zusammenleben organisiert haben, dann die Ebene des Bewußtseins, die wir als öffentliches Bewußtsein umschreiben müssen und die das private Bewußtsein des einzelnen Menschen zweifellos mitprägt. Schließlich gibt es vielleicht auch im öffentlichen Bereich so etwas wie eine unbewußte Ebene, zum Beispiel kollektive Vorstellungen darüber, was «weiblich» und was «männlich» sei, und diese dürften sich ebenfalls entscheidend auf die unbewußten Prägungen der einzelnen Menschen auswirken.

Auf den beiden letztgenannten Ebenen – öffentliches Bewußtsein und unbewußte Prägungen der öffentlichen Meinungen – gehen Veränderungen nicht viel anders vor sich als im Privatbereich. Auf diesen Ebenen können wir Veränderungen herbeiführen, indem wir mit anderen Leuten Erfahrungen austauschen, mit möglichst vielen Leuten über diese Themen sprechen, unsere Meinungen und offenen Fragen sogar auch öffentlich bekannt machen, damit sie möglichst viele Leute anregen, ebenfalls Fragen zu stellen, und hoffentlich sogar Fragen zu stellen, die uns selbst in diesem Zusammenhang noch gar nicht in den Sinn gekommen sind. Auch der persönliche Lebensstil und das Auftreten einer Person kann Auswirkungen haben: Wenn eine Frau ganz offensichtlich bestrebt ist, den Weiblichkeitswahn zu überwinden, oder wenn ein Mann ganz offensichtlich bestrebt ist, den Männlichkeitswahn zu überwinden, so hat dies zweifellos einen Einfluß auf das öffentliche Bewußtsein.

Etwas anders liegen die Dinge auf der praktischen Ebene der Organisation unseres Zusammenlebens. Privat organisieren sich die Leute im Prinzip so, wie sie wollen, wobei ihnen durch öffentliche Einrichtungen und Gesetze gewisse Grenzen gesetzt sind. Diese öffentlichen Einrichtungen und Gesetze verändern sich jedoch nicht schon dadurch, daß sich immer mehr Private anders und neu organisieren, obwohl dies zum Teil auch eine Voraussetzung für die

Veränderung der öffentlichen Strukturen darstellt. Gesetze und staatliche Einrichtungen müssen auf der Ebene der staatlichen Behörden, Parlamente, Exekutiven und Kommissionen etc. verändert werden. Nichtstaatliche Einrichtungen oder Regelungen müssen über nichtstaatliche Verbände und Organisationen verändert werden. Hier sind also ganz konkrete Tätigkeitsgebiete offen, aber es ist klar, daß Veränderungen nur auf diesem Gebiet auch zu nichts führen: Gesetzesänderungen ohne Veränderungen des Bewußtseins und der unbewußten Prägungen führen ebensowenig zur Überwindung der Spaltung wie alleinige Bewußtseinsveränderungen und lange philosophische Diskussionen, denen auf der praktischen Ebene keine konsequenten Taten folgen.

Die grundlegenden Veränderungen habe ich im letzten Kapitel zu umschreiben versucht. Hier nun noch etwas konkreter einige Ansatzpunkte, wie wir diese Veränderungen fördern können. Das folgende erhebt keinen Anspruch auf Vollständigkeit, sondern ich greife zur Illustration einige weitere Beispiele heraus.

Ein wichtiger Ansatzpunkt liegt im Bereich Arbeitsplätze, Arbeitszeit und Löhne. Zu fördern ist bereits kurzfristig jede Art von Arbeitszeitverkürzung, und zwar in der Weise, daß Teilzeitarbeit und andere Formen der Arbeitszeitverkürzung nicht auf untergeordnete und schlecht bezahlte Arbeit und auf Frauenarbeit beschränkt bleiben darf. Was heute als Teilzeitarbeit gilt, soll ja langfristig zur normalen Arbeitszeit werden. Zu fördern wäre weiter im Zweifelsfall die wöchentliche Arbeitszeitverkürzung und nicht etwa ein größerer Ferienanspruch, da es darum geht, die Normalarbeitszeit so rasch als möglich herabzusetzen. Wünschen von Arbeitnehmerinnen und Arbeitnehmern in der Privatwirtschaft und öffentlichen Verwaltung nach Reduktion der Arbeitszeit unter gleichzeitiger anteilsmäßiger Lohnreduktion muß schon heute bereitwillig entsprochen werden. Es sind die Möglichkeiten zu untersuchen, wie die bezahlte Arbeit mittel- und langfristig umverteilt werden kann. Im Bereich der Löhne sind alle Familienernährer-Komponenten (Sozialzulagen) so rasch als möglich abzuschaffen oder in den Lohn zu integrieren und allen Arbeitnehmern ungeachtet ihrer familiären Situation auszurichten. Kinderzulagen sind sobald als möglich in einen Zweig der Sozialversicherung überzuführen. Daß Frauenlöhne und Männerlöhne angeglichen werden müssen, liegt auf der Hand. Wenn dies nicht kurzfristig bereits geschehen sein sollte, so ergibt sich mittelfristig beim definitiven Abgehen von den Familienernährer-Löhnen eine gute Gelegenheit, indem zunächst einfach nur die Männerlöhne im Verhältnis zur generellen Arbeitszeitverkürzung sinken, bis dasselbe Lohnniveau erreicht ist. Typische Frauenlöhne sind ja schon heute keine Familienernährer-Löhne und deshalb ohnehin schon näher an einem Mindestlohn, der den Lebensunterhalt einer alleinstehenden Person garantiert. Das Abgehen von den Familienernährer-Löhnen kann beginnen, wenn die Normalarbeitszeit bereits um einiges verkürzt ist und dadurch bedeutend mehr Arbeitsplätze entstanden sind.

Ein Abgehen vom Familienernährer-Lohn ist aber noch auf anderem Wege möglich. Es lassen sich nämlich Anreize für die Privaten in dieser Richtung schaffen. Derartige Anreize sind vor allem im Steuerrecht und im Sozialversicherungsrecht möglich. Die Beitragspflicht in der Sozialversicherung wie auch die Steuerpflicht kann so gestaltet werden, daß Paare mit beidseitiger Erwerbstätigkeit und zwei Löhnen unter dem üblichen Familienernährer-Niveau deutlich weniger belastet werden als Paare, bei welchen ein Partner nicht erwerbstätig ist und der andere einen Familienernährer-Lohn erzielt. Zwei Partner mit je 20000 Franken Verdienst im Jahr sollen also gemeinsam weniger Steuern und zusammen weniger Beiträge für die Altersvorsorge bezahlen müssen als ein Mann mit 40000 Franken Jahreseinkommen, dessen Ehefrau nicht erwerbstätig ist. Gesetzestechnisch und rechnerisch ist das ohne weiteres möglich. Wie stark sich solche Faktoren in der Praxis auswirken können, zeigt übrigens die auch in der Schweiz wachsende Zahl der Konkubinate, die es nur gibt, weil beidseitig erwerbstätige Paare nicht unter die gemeinsame Ehegattenbesteuerung fallen und damit in eine höhere Stufe der Steuerprogression geraten wollen. Weitere Änderungen, die die Versorgungsunabhängigkeit für die Sozialversicherung mit sich bringt, sind bereits im letzten Kapitel dargelegt worden.

Ob sich mit den Jahren ein genügend großer Teil der Bevölkerung findet, der solche Anreize auch wirklich schaffen will, das ist ein ganz anderes Problem. Es hängt mit der umfassenderen Frage zusammen, ob wir die Spaltung in Frauenwelt und Männerwelt überwinden wollen, und ob wir die Versorgungsunabhängigkeit als eines der geeigneten Mittel dazu betrachten. Mit diesen praktischen Ausführungen ist nur gesagt, daß es – wenn wir in diese Richtung gehen wollen – auf Grund der heutigen Rechtslage in der Schweiz durchaus Ansatzpunkte gibt, diese Entwicklung zu fördern. Diejenigen, die nicht in diese Richtung gehen wollen, werden allerdings immer sagen, es sei praktisch schon gar nicht möglich, solche Umverteilungsanreize zu schaffen, oder solche Regelungen würden den Staatsapparat unverhältnismäßig aufblähen. Eine solche Argumentation ist zwar recht geschickt, aber sie ist zum großen Teil falsch: Es gibt eine ganze Menge von Bereichen und Regelungen, in denen Gesetze heute schon vollumfänglich vorhanden sind, in denen es also für die Schaffung von solchen Umverteilungsanreizen lediglich Anpassungen bereits bestehender Regelungen braucht.

Bereits im letzten Kapitel wurden auch einige Folgen gezeigt, die ein konsequent durchgeführtes Prinzip der Versorgungsunabhängigkeit im Scheidungsrecht haben könnte. Im Eherecht ist ein ziemlich wichtiger Schritt bereits beabsichtigt, soll doch die Unterhaltsverpflichtung des Ehemannes ersetzt werden durch eine freie Vereinbarung der Ehegatten über die Arbeitsteilung.

Die wichtigsten Veränderungen im Schulwesen sind ebenfalls bereits skizziert worden. Unerläßlich ist die Vereinheitlichung der Lehrpläne für Mädchen und Knaben, insbesondere der obligatorische Hauswirtschaftsunterricht für Knaben. Schulbücher sollen Männer auch bei Verrichtung unbezahlter Arbeit und erwerbstätige Frauen darstellen, sie sollen der Einteilung in typische Frauenberufe und typische Männerberufe entgegenwirken: Erstens weil die Spaltung in Frauen- und Männerberufe an sich schon zur Diskriminierung der Frauen im Berufsleben beiträgt, und zweitens tiefgreifender und grundsätzlicher zur Überwindung des Weiblichkeits- und des Männlichkeitswahnes.

Auf zwei Sachfragen will ich nun noch näher eingehen, nämlich auf die Fortpflanzungsfreiheit und das Militär.

Unter den Begriff «Fortpflanzungsfreiheit» fallen die Problemkreise Schwangerschaftsverhütung und Schwangerschaftsabbruch. Fortpflanzungsfreiheit bedeutet, daß die Geburt eines Kindes stattfinden soll, wenn eine Frau und ein Mann sich dazu entschieden haben. Fortpflanzungsfreiheit setzt also voraus, daß alle

Mittel und Methoden der Schwangerschaftsverhütung allen Leuten frei zugänglich sind und daß alle Frauen die Möglichkeit haben, eine Schwangerschaft abbrechen zu lassen. Umgekehrt stellt die Erschwerung des Zuganges zu Verhütungsmaßnahmen und die Kriminalisierung des Schwangerschaftsabbruchs eine Einschränkung der Fortpflanzungsfreiheit dar. Die Diskussion über Zulässigkeit von Schwangerschaftsverhütung und Schwangerschaftsabbruch, die nicht nur hierzulande, sondern weltweit etwa mit denselben Argumenten geführt wird, haben mit wirtschaftlicher Abhängigkeit und mit dem Leisten von unbezahlter Arbeit zu tun. Kinder werden von Frauen geboren und zur Hauptsache von Frauen betreut. Deshalb hat mangelnde Fortpflanzungsfreiheit zur Folge, daß Frauen wider Willen in wirtschaftliche Abhängigkeit von Männern geraten und für Männer und für die Kinder unbezahlte Arbeit leisten. Darin sind auch die Widerstände gegen die Fortpflanzungsfreiheit begründet: Konservative Kreise wollen vor allem die wirtschaftliche Unabhängigkeit der Frauen verhindern. Meistens werden aber religiöse oder moralische Argumente vorgebracht, die es natürlich auch gibt, die aber mit den wirtschaftlichen zusammenhängen. Wenn Frauen ohnehin nicht mehr wirtschaftlich von Männern abhängig sind, und wenn sie es durch Kinder auch nicht mehr werden können, so ist praktisch der wichtigste Grund weggefallen, weshalb Leute ein Interesse an der Beschränkung der Fortpflanzungsfreiheit haben könnten. Aber es wird noch sehr viele Anstrengungen brauchen, die moralischen und religiösen Hintergründe und die Wertmaßstäbe aufzudecken, die hinter der Einschränkung der Fortpflanzungsfreiheit stehen, insbesondere die bereits erwähnte Minderwertigkeit der Frauen und das Eigentumsdenken gegenüber ihrem Körper, der sich «in den Dienst einer übergeordneten Funktion» zu stellen habe. Mangelnde Fortpflanzungsfreiheit ist eine Form von Gewaltanwendung gegenüber Frauen, die in den moralischen, religiösen und wirtschaftlichen Strukturen begründet liegt. Sie ist zutiefst lebensfeindlich, denn sie opfert Menschen einer Funktion, sie opfert die Frauen der Fortpflanzung. Wenn immer Menschen einer Funktion geopfert werden, so ist das Gewaltanwendung gegenüber diesen Menschen. Einschränkung der Fortpflanzungsfreiheit ist im Grunde genommen dasselbe wie der Mißbrauch von Menschen zur Kriegsführung: In einem Fall werden Menschen der Funktion des Kriegsführens geopfert und im andern Fall werden sie der Funktion der Fortpflanzung geopfert. Der Unterschied liegt einzig darin, zu was diese Funktionen dienen: Kriegsführung dient dazu, andere Menschen zu töten, und die Menschheit käme auch ohne diese Funktion aus. Fortpflanzung dient dazu, neue Menschen hervorzubringen und sie ist lebensnotwendig. Und weil bei der Fortpflanzung neue Menschen entstehen, bietet es sich den Gegnern der Fortpflanzungsfreiheit – also den Gegnern einer Liberalisierung des Schwangerschaftsabbruches – geradezu an, der Lebensfeindlichkeit und Gewaltanwendung, die in ihren Ideen steckt, den Mantel der Lebensfreundlichkeit umzuhängen ... eigentlich ein geschicktes Vorgehen, das uns an die im dritten Kapitel umschriebene Haltung von Männerwelt-Vertretern erinnert, Verachtung gegenüber Frauen hinter Verehrung zu verstecken.

Schließlich noch zum Problemkreis Militär. Kein anderes Thema beeinflußt wohl so direkt alle drei erwähnten Ebenen. Das Problem auf der organisatorischen Ebene unseres Zusammenlebens ist rasch dargestellt: Wenn Versorgungsunabhängigkeit Wirklichkeit geworden ist, leisten Elternteile in Hausgemeinschaften gleich viel unbezahlte Arbeit für Kinder. In der Schweiz ist das Leisten von Militärdienst für Männer obligatorisch, der Staat verunmöglicht es also den Vätern in regelmäßigen Abständen, die unbezahlte Arbeit für ihre Kinder zu leisten. Der Staat geht also davon aus, daß jeder Vater zu Hause über eine Infrastruktur in Form einer Ehefrau, Freundin oder Hausangestellten verfügt. In den vergangenen Jahren haben alleinstehende Väter und Hausmänner bisweilen auf dieses ungelöste Problem aufmerksam gemacht, indem sie mit ihren Kindern in den Militärdienst eingerückt sind. Wie auch immer ein allfälliger Militärdienst in Zukunft aussehen mag: Jedenfalls müssen wir uns da schon aus äußeren Gründen etwas anderes einfallen lassen. In seiner heutigen Form verunmöglicht der Militärdienst die Versorgungsunabhängigkeit. Die Militärproblematik geht aber um einiges tiefer, auf die Ebene des Bewußtseins und wohl auch der unbewußten Prägungen. Wenn Männer mit leuchtenden Augen und strahlenden Gesichtern von Militärerlebnissen berichten, wird sehr deutlich, daß das schweizerische Militär nicht nur der Landesverteidigung dient, sondern daß da weit mehr zelebriert wird. Da wird das «Unter-sich-Sein» von Männern gefeiert, auch wenn dies längst nicht allen Militärdienstpflichtigen persönlich entspricht. Weil Militärdienst obligatorisch ist, tragen sogar jene Männer wider Willen diesen «Unter-sich-Sein»-Kult mit, die den Männlichkeitswahn überwunden haben. Wo immer das «Unter-sich-Sein» von Männern gefeiert wird, überall dort wird gleichzeitig die Minderwertigkeit der Frauen gefeiert, denn diese beiden Dinge hängen untrennbar miteinander zusammen. In zweifacher Hinsicht fördert deshalb das Militär den Männlichkeitswahn: Einerseits wird er mit Absicht gefördert, denn im «Ernstfall» brauchen wir bekanntlich harte, männliche Männer, die es fertigbringen, zerstörerisch zu sein und den Heldentod zu sterben. Und andererseits trägt nur schon der Umstand, daß das Militär einen in der Schweiz obligatorischen Männerbund darstellt, in der unbewußten Prägung zum Männlichkeitswahn bei. Übrigens auch hier kein Männlichkeitswahn ohne Weiblichkeitswahn: Immer noch wird gesagt, im Kriegsfall diene der militärische Einsatz dem Schutz der – notabene schwachen also «weiblichen» – Frauen und Kinder.

Soweit einige Beispiele und Gedanken. Dieses Buch will es sich nicht zur Aufgabe machen, schließlich noch zum detaillierten politischen Kochbuch für alle Sachfragen zu werden. Im Zusammenhang mit dem Stichwort «Kochbuch» abschließend aber noch zwei Faustregeln, die sich im großen und ganzen bewähren:

Erste Regel:
Jede ungleiche Regelung für Frauen und Männer benachteiligt die Frauen, bevorzugt die Männer und trägt zur Aufrechterhaltung der Spaltung in Frauenwelt und Männerwelt bei, es sei denn, es handle sich um Regelungen im Zusammenhang mit dem Geburtsvorgang.

Diese Regel ist eine praktische Auswirkung davon, daß Verehrung und Verachtung für Frauen letztlich auf dasselbe herauskommen, nämlich auf Benachteiligung und Minderwertigkeit der Frauen.

Zweite Regel:
Jede ungleiche Regelung für Frauen verschiedenen Zivilstandes und jede ungleiche Regelung für Männer verschiedenen Zivilstan-

des benachteiligt die Frauen, bevorzugt die Männer und trägt zur Aufrechterhaltung der Spaltung in Frauenwelt und Männerwelt bei.

Auch diese zweite Regel ist nur eine Konsequenz aus den ersten Kapiteln dieses Buches: Männer bilden eine einheitliche Gruppe ungeachtet ihres Zivilstandes. Frauen sind demgegenüber aufgespalten in Verheiratete und Nichtverheiratete, was gleichgesetzt wird mit «nichterwerbstätig» und «erwerbstätig». Sie bilden also eine Gruppe mit und eine Gruppe ohne Familienernährer. Jede zivilstandsabhängige Regelung fördert die Familienernährer-Funktion des Mannes: Bei der Frau stellt eine solche Regelung darauf ab, ob sie einen Familienernährer *habe*, und beim Mann stellt sie darauf ab, ob er ein Familienernährer *sei*.

Wenn wir uns der grundlegenden Mißstände bewußt geworden sind, die die Spaltung in Frauen- und Männerwelt zur Folge hat, gewinnen wir eine neue Sicht vieler Dinge, die wir bisher kaum in Frage gestellt haben. Und wenn wir Versorgungsunabhängigkeit nicht als einziges, aber als eines der geeigneten Mittel zur Überwindung dieser Spaltung betrachten, so kommen wir dazu, daß in vielen Sachfragen neue und andere Regelungen anzustreben sind. Auch in der Öffentlichkeit braucht es wiederum beides: Ohne gleichzeitige Bewußtseinsveränderungen können wir praktische Neuregelungen in wichtigen Sachfragen kaum erreichen. Bewußtseinsveränderungen, die sich nicht gleichzeitig in konsequenten praktischen Veränderungen niederschlagen, führen jedoch auch zu nichts, denn sie beschränken die Veränderungen auf den Privatbereich. Das Argument, den praktischen Neuregelungen müsse die Bewußtseinsveränderung bereits vorangegangen sein, und so weit seien wir gerade im Zusammenhang mit der Stellung von Frauen und Männern noch lange nicht, dieses Argument ist fast immer reine Verhinderungstaktik, denn dieselben Leute, die es verwenden, arbeiten in der Regel aktiv gegen eine Bewußtseinsveränderung auf diesem Gebiet.

«Frauenfragen», «Partnerschaft» und «Gleichmacherei»

Welche Leute sind nun eigentlich für die Überwindung und welche möchten die Spaltung aufrechterhalten? Welche Leute könnten schon heute für Versorgungsunabhängigkeit eintreten und welche werden dagegen sein? Wie liegen eigentlich die Fronten? Dürfen wir in diesem Zusammenhang überhaupt von «Fronten» sprechen? Der Begriff der Fronten stimmt durchaus: Die Überwindung der Spaltung ist ein echter Kampf, ein Kampf auf allen Ebenen. Es geht dabei um die Befreiung der Frauen und um die Befreiung der Männer, und jede Befreiung ist ein Kampf, nicht nur gegen außen, sondern manchmal auch ein Kampf mit sich selbst, mit vielleicht lieben, aber zum Gefängnis gewordenen Gewohnheiten.

Eines ist sicher: «Die Frauen» als einheitliche Interessengruppe gibt es nicht. Deshalb kann es nie stimmen, wenn Frauen oder Männer lautstark verkünden «Die Frauen wollen das ja gar nicht», «Die Frauen wollen dieses» oder «Die Frauen wollen jenes». Wir müssen zur Kenntnis nehmen, daß es Frauen gibt, die die Spaltung nicht oder noch nicht überwinden wollen, die die Männerwelt-Maßstäbe immer noch als alleinseligmachend anerkennen und den Männerwelt-Gewaltigen immer noch gefallen wollen. Und auf der andern Seite gibt es Frauen, die die Spaltung überwinden wollen, die die Männerwelt-Maßstäbe nicht mehr anerkennen und den Männerwelt-Gewaltigen ganz bewußt nicht mehr gefallen wollen. Zwischen den Frauen auf der einen und den Frauen auf der andern Seite kann es keine Solidarität geben. Wenn Frauen selbst oder vor allem wenn Männer auf eine solche Solidarität pochen und den Frauen Uneinigkeit vorwerfen, so dient das immer dazu, die Männerwelt-unabhängigen Frauen wieder unter das Joch der alleinseligmachenden Männerwelt-Maßstäbe zu zwingen. Solidarität unter Frauen gibt es, sogar eine ganz große, stark machende und schwesterliche Solidarität. Aber es gibt sie nur unter den Männerwelt-unabhängigen Frauen und jenen, die auf dem Weg dazu sind. Und doch ist keine einzige Frau von dieser Solidarität ausgeschlossen, denn der Weg zur Männerwelt-Unabhängigkeit steht allen offen.

Die Fronten könnten also niemals so laufen, daß eines schönen

Tages alle Frauen begriffen haben würden, worum es geht, und daß dann der große Kampf zwischen den Geschlechtern ausbrechen würde. Ganz im Gegenteil: Auf der einen Seite stehen schon heute alle Frauen und Männer, die die Spaltung überwinden wollen, sei es, daß sie persönlich unter dieser Spaltung zu leiden begonnen haben, sei es, daß sie die Notwendigkeit der Veränderung in dieser Richtung eingesehen haben, vielleicht ganz einfach deshalb, weil sie selbst und ihre Kinder überleben möchten. Auf der anderen Seite stehen alle Frauen und Männer, die die Spaltung aufrechterhalten wollen, weil sie ein materielles oder ein anderweitiges Interesse an dieser Spaltung haben oder zu haben glauben.

Auf dieser Seite gibt es Dogmatismus – zum Beispiel das Dogma, was «weiblich» und was «männlich» sei –, und es gibt Strukturen, die das dogmatisch Festgelegte zementieren sollen. Diese Seite ist statisch. Auf der anderen werden Dogmen und zementierende Strukturen zu überwinden versucht, diese Seite ist die dynamische, für die alles Lebendige letztlich mit Veränderung zu tun hat. Auf der einen Seite sind die Ängstlichen, die Veränderungsfeindlichen, die Lebensfeindlichen. Auf der anderen sind die Mutigen, die Suchenden, die Lebensfreudigen.

Heute sind es noch wenige, die die Spaltung überwinden wollen, und es sind mehr Frauen als Männer. Ein Großteil der Frauen und Männer befindet sich noch auf der andern Seite. Das Eigentümliche an diesem unblutigen Kampf liegt jedoch darin, daß die Fronten sehr durchlässig sind. Immer wieder laufen Frauen und Männer von den Vielen zu den Wenigen über, und zwar aus freiem Willen: Ideen, die die Menschen wirklich weiterbringen, ziehen die Leute von selbst an, und das ist auch die große Chance, die Spaltung in Frauenwelt und Männerwelt zu überwinden.

Über die Stellung der Frauen wird heute sehr viel gesprochen, über die Stellung der Männer etwas weniger. Zu drei Begriffen, die in diesem Zusammenhang immer wieder genannt werden, möchte ich zum Schluß noch etwas sagen. Es sind die Begriffe «Frauenfragen», «Partnerschaft» und «Gleichmacherei».

«Frauenfragen» gibt es nicht. «Frauenfragen» heißt gleich viel wie «Frauenprobleme». «Frauenfragen» bedeutet, daß Frauen «Fragen» aufwerfen, «Frauenprobleme» bedeutet, daß Frauen «Probleme» machen. Wenn wir anerkennen, daß Frauen Probleme machen, daß die Stellung der Frauen ein Problem sei, so haben wir bereits die Stellung des Mannes als alleinseligmachenden Maßstab anerkannt. Würden wir hingegen die Stellung der Frauen als alleinseligmachenden Maßstab nehmen, so ließen sich alle Fragen und Probleme, die sich aus der verschiedenen Stellung von Frau und Mann ergeben, als «Männerfragen» umschreiben. Ob es dann eine «Eidgenössische Kommission für Männerfragen» gäbe?

Letztlich gibt es weder Frauenfragen noch Männerfragen: Eine Veränderung der Stellung der Frauen ist nicht möglich ohne Veränderung der Stellung der Männer.

Ich hoffe, hier nicht mißverstanden zu werden. Etwa in dem Sinne ... «Wir haben es ja immer gesagt, daß ihr Frauen nicht gegen uns Männer, sondern mit uns zusammenarbeiten sollt, wir müssen doch zusammen aus dieser Welt etwas Besseres zu machen versuchen ...», oder wenn Frauen sagen: «Wir wollen doch nicht gegen die Männer sein, sondern mit ihnen zusammenarbeiten, wir sind für eine echte Partnerschaft mit den Männern ...». Solche Sätze kommen fast immer von Leuten, die die Spaltung aufrechterhalten wollen, und meistens dienen sie zur Verschleierung der Tatsachen, daß sich Frauen immer den Männerwelt-Maßstäben unterziehen müssen und daß der Kuchen ungleich verteilt ist. Aber derartige Sprüche haben heute keinen Platz mehr. Sie fallen zwar noch, aber sie fallen auf schlechten Boden. Frauen und auch immer mehr Männer werden darüber lachen, weil sie das System der Spaltung in Frauen- und Männerwelt durchschaut haben und weil sie nicht mehr länger bereit sind, sich den dominierenden Wertvorstellungen der Männerwelt zu unterwerfen oder sich in eine ohnmächtige Frauenwelt abdrängen zu lassen. Diese Frauen und Männer werden verlangen, daß Ausbeutung nicht mehr mit solchen Sprüchen verdeckt wird und daß die katastrophalen Folgen des Männlichkeitswahnes endlich offenkundig werden.

Wenn ich sage, es gebe keine Frauenfragen, so meine ich damit, daß es nur «Frauen-Männer-Fragen» gibt, aber davon gibt es eine ganze Menge, und mit diesen müssen wir uns und andere schonungslos konfrontieren. Die Zeit ist definitiv vorbei, in welcher wir die Männerwelt-Gewaltigen zu fragen hatten, was «Frauenfragen» seien und welche davon überhaupt gestellt werden dürfen, ohne daß die Welt erschüttert werde. Es ist eine unglaublich befreiende Herausforderung, die Frauenwelt und vor allem die Männerwelt zu erschüttern, in der Hoffnung, daß die Spaltung zwischen den beiden endlich aufhört, und wir bestimmen selbst, wann und wie intensiv wir uns auf diese Herausforderung einlassen. Die Zeit ist auch vorbei, in welcher Frauen zu den Männerwelt-Gewaltigen sagten: «Bitte nehmt uns doch ernst, wir dürfen doch auch etwas zur Welt beitragen!». Frauen nehmen sich heute selbst ernst, und nur darin liegt letztlich ihre Macht zur Veränderung begründet, denn die Bitte um Anerkennung durch die Männerwelt-Gewaltigen führt in die Ohnmacht. Frauen erfassen heute ihre Wirklichkeit, formulieren sie und stellen sie der mageren Wirklichkeit gegenüber, die die Männerwelt-Gewaltigen formuliert haben, da ist Bitten fehl am Platz. Wer den König absetzen und dafür sorgen will, daß er von nun an genauso wie alle andern nur eine Stimme hat, geht auch nicht vorher zum König, um ihn zu bitten, dieses Anliegen wohlwollend aufzunehmen.

Parteien, Organisationen und Interessenverbände verschiedenster Farbe haben «Frauenfragen» mittlerweile auf ihre Fahnen geschrieben, die einen aufrichtiger, andere eher um die Veränderungen in den Händen zu behalten, die dritten, weil es sich seit Einführung des Frauenstimmrechts einfach gut macht. Noch immer stehen wir aber vor der Situation, daß Öffentlichkeit, Staat, Wirtschaft, Politik und weiteste Teile der ganzen Kultur Domänen der Männerwelt sind und von Männerwelt-Gewaltigen gesteuert werden. Gesetze werden in Männerwelt-Strukturen gemacht, die öffentliche Meinung wird von Männerwelt-Gewaltigen geprägt, Arbeitszeiten und Lohnverhältnisse werden an Tischen ausgehandelt, an denen auf beiden Seiten Männer sitzen, die es sich schlicht und einfach nicht vorstellen können, daß sie keinen Familienernährer-Verdienst mehr erzielen würden.

Parteien, Organisationen und Interessenverbände sind Männerwelt-Strukturen, die einen mehr und die andern weniger offenkundig an der Aufrechterhaltung der Spaltung interessiert. Vorstellungen in Richtung Versorgungsunabhängigkeit müssen den meisten Politikern das kalte Gruseln beibringen. Denn wo bliebe ihre selbstlos aufgeopferte politische Tätigkeit, wenn sie nicht ihrerseits auf eine aufopfernde häusliche Infrastruktur zurückgreifen könnten?

Frauenorganisationen können übrigens ebenfalls zementierende Männerwelt-Strukturen darstellen, die die Spaltung beibehalten möchten, auch wenn da glücklicherweise ein Umdenken im Gange ist. Die Männerwelt-Gewaltigen suchen sich ihre Gesprächspartnerinnen nämlich nach ihrem

Gutdünken aus, sie werden sich vor Frauenorganisationen und vor Frauen hüten, die die Spaltung in Frage stellen. Und weil es «die Frauen» als einheitliche Interessengruppe nicht gibt, lassen sich immer Frauenorganisationen und Frauen finden, die an der Aufrechterhaltung der Spaltung ein Interesse haben oder zu haben glauben.

Am nächsten bei der Überwindung der Spaltung sind die alternativen Bewegungen, die sich unter der Idee der Lebensfreundlichkeit zusammengefunden haben, und zwar auf allen Ebenen: Erhaltung der Natur, Überlebensmöglichkeit auf unserem Planeten, Kampf gegen die Ausbeutung der dritten Welt, neue demokratische Organisationsformen, um nur einige Beispiele zu nennen. Und doch wird manchmal auch bei ihnen immer noch von Frauenfragen gesprochen. Im großen Haus der Lebensfeindlichkeit sitzen zuoberst die Wirtschaftsleute, weil sie die mächtigsten Männerwelt-Gewaltigen sind. Darunter hausen die meisten rechtsstehenden Parteien und Verbände, denn sie sind mit den Wirtschaftsleuten am engsten verbunden. In der Mitte des Hauses sind die meisten linksstehenden Parteien und Verbände anzutreffen. Weiter unten haben sich die alternativen Bewegungen eingenistet. Im Erdgeschoß dieses Hauses aber treiben der Weiblichkeits- und der Männlichkeitswahn ihr Unwesen und verbarrikadieren den Ausgang, denn die ungelöste Frauen-Männer-Frage ist Grundlage für jede Lebensfeindlichkeit. Je weiter oben die Leute in diesem Haus wohnen, desto lebensfeindlicher sind sie und desto mehr beruht ihr Weltbild auf patriarchalischem Denken und patriarchalischer Gewaltanwendung. Alle Leute haben zwar die Möglichkeit, das Haus der Lebensfeindlichkeit zu verlassen, indem sie ein Stockwerk nach dem andern hinuntersteigen. Aber es ist nicht möglich, aus diesem Haus herauszukommen, ohne durch das Erdgeschoß zu gehen. Wer hinaus will, muß sich zunächst dem Gedankengut der alternativen Bewegungen zuwenden, und diese müssen ins Erdgeschoß hinuntersteigen, um die Frauen-Männer-Problematik intensiv aufzunehmen, sonst werden sie das Haus der Lebensfeindlichkeit nie verlassen können.

Wenn Frauen von Frauenfragen sprechen, glaube ich es ihnen, denn sie reden von ihrer eigenen Situation. Wenn Männer von Frauenfragen sprechen, glaube ich es ihnen nicht. Allen, den Parteien, Interessenverbänden, Organisationen und der alternativen Bewegung nehme ich ihr Frauenengagement erst ab, wenn es sich in ein Frauen-Männer-Engagement gewandelt hat. Erst dann sind sie glaubwürdig.

Den Begriff der «Partnerschaft» habe ich bereits erwähnt. Partnerschaft ist ein Wort, das in letzter Zeit immer häufiger verwendet wird und das die ganze Zweideutigkeit in sich trägt, die ich eben umschrieben habe. Es gibt Leute, die unter Partnerschaft die Überwindung der Spaltung verstehen. Es gibt aber auch Leute, die unter demselben Begriff verstehen, daß es zwischen Frauen und Männern weit über die Gebährfähigkeit hinausgehende Unterschiede gebe, daß «weiblich» und «männlich» naturgegebene, wenn nicht gar gottgewollte, sehr unterschiedliche Veranlagungen darstellten, daß Frauen und Männer deshalb längst nicht gleich seien und sich eben «partnerschaftlich» ergänzen würden ... kurz, sie fassen den ganzen Weiblichkeitswahn und den ganzen Männlichkeitswahn bequem in einem Begriff zusammen. Daß die Verwendung dieses Begriffes meistens in diesem Sinne erfolgt, zeigt sein allzu häufiges Erscheinen im Zusammenhang mit dem Begriff der «Gleichmacherei». Immer wieder werden an sich positiv zu wertende Postulate zur Stellung von Frauen und Männern mit dem Argument vertreten, es handle sich hier nicht um Gleichmacherei, sondern um Partnerschaft. Und Politiker oder Organisationen lassen vorsichtig verlauten, sie seien für die Partnerschaft zwischen Frau und Mann, aber gegen jegliche Gleichmacherei.

Wenn Partnerschaft den Gegenbegriff zur Gleichmacherei darstellt, so bin ich eine überzeugte Gegnerin der Partnerschaft und eine vehemente Vertreterin der Gleichmacherei. Was heißt «gleichmachen»? Offenbar gibt es Schritte, mit denen Frauen und Männer «gleich» gemacht werden könnten. Und wenn wir diese Schritte nicht tun, so bleiben die beiden offenbar «ungleich». Tatsächlich? Wenn das so ist, dann wären doch genau diese Schritte schon längst fällig. Überall dort, wo wir Frauen und Männer überhaupt «gleich» machen können, überall dort müssen sie nämlich effektiv gleich sein. Wo Frauen und Männer ungleich sind, da nützt alles «machen» nichts, da bleiben sie ungleich. Wir können noch so große Preise für gebährende Männer ausschreiben. Die Kinder werden weiterhin von Frauen geboren werden. Da hilft alles «Machen» nichts.

Gleichmacherei dürfte sogar die einzige praktikable Methode sein, um herauszufinden, inwieweit Frauen und Männer ungleich sind: Insoweit sie sich im Zuge der Gleichmacherei zur Gleichheit entwickeln, sind sie gleich, und insoweit wäre es offenbar schon längst fällig gewesen, der «Ungleichmacherei» ein Ende zu setzen. Und insoweit sie sich im Zuge der Gleichmacherei nicht zur Gleichheit entwickeln, sind sie offenbar ungleich und werden es auch bleiben. Die Gleichmacherinnen und Gleichmacher sind die große Chance, die Spaltung in Frauenwelt und Männerwelt zu überwinden!

«Die wachsende Bewegung zur Befreiung der Frau ist von unerhörter Bedeutung, weil sie das Machtprinzip bedroht, auf dem die heutige Gesellschaft (sowohl die kapitalistische wie die kommunistische) aufgebaut ist – vorausgesetzt, die Frauen meinen mit Befreiung nicht, daß sie an der Macht des Mannes über andere Gruppen, etwa die Kolonialvölker, partizipieren wollen. Falls die Frauenbewegung ihre eigene Rolle und Funktion als Vertreterin von «Antimacht» begreift, werden die Frauen einen entscheidenden Einfluß auf den Kampf um eine neue Gesellschaft ausüben können.»

Erich Fromm (aus «Haben oder Sein, Die seelischen Grundlagen einer neuen Gesellschaft»)

«Wir müssen lernen, die Zukunft, für die wir kämpfen, *jetzt schon* zu leben, anstatt Kompromisse zu schließen in der eitlen Hoffnung auf eine Zukunft, die immer wieder verschoben wird, immer unwirklich bleibt. Dieser schöpferische Sprung erfordert eine Art von Rücksichtslosigkeit, die aus dem Tod falscher Hoffnungen geboren wird.»

Mary Daly (aus «Jenseits von Gottvater Sohn & Co.»)

Frauen bei Zytglogge

Die Lischern liegt oberhalb Schwarzenburg. Sie ist für Rosalia G. «der schönste Fleck im Schweizerland». Er muss es sein für sie. Ihre ersten Jahre, vielleicht die schönsten ihres Lebens, verbrachte sie dort. Aber unweit davon, einige hundert Meter weiter unten im Dorf, hatte man andere Vorstellungen vom Glück eines unehelichen Kinder. Rosalia Wenger schreibt erschütternd und eindrücklich darüber. Wie ein Kälblein wurde sie im Gemeindehaus vermarktet. Der rote Faden begann abzuspulen: lieblos, kalt ihre Jugend, geistlos, trüb die Dienstmädchenzeit, problematisch ihre Ehe. Rosalia hat sich als kämpfende Frau gefunden, unsicher zwar und spät. Ein seltsam aufrüttelndes Buch, das Leben dieser Rosalia G.

Rosalia Wenger berichtet, protokolliert meist sehr nüchtern, wie sie es geschafft hat und wie man sie «geschafft» hat. Sie räumt gründlich auf mit dem Vorurteil, dass «kleine» sprich arme Leute nicht sensibel sind, dass sie unter Lieblosigkeit, Schikanen und Torturen weniger leiden. Das ist das Faszinierende an diesem Leben (und Buch): dass Rosalia in diesem Strudel nicht kaputtgegangen ist, dass sie immer wieder die Kraft aufbringt, weiterzumachen. *Oltener Tagblatt*

Eine Frau und ein Mann erleben unser Jahrhundert

Zwei «durchschnittliche» Menschen, eine Schweizerin (80) und ein Schweizer (87) erzählen ihre gar nicht so alltäglichen Lebensgeschichten. Hanni G. und Walter H. sind sich nie begegnet. In ihren Erzählungen begegnen sie sich ab und zu an Knotenpunkten der Geschichte.

Die beiden Autorinnen haben diese Erinnerungen und Ansichten ab Tonband niedergeschrieben und mit interessanten zeitgeschichtlichen Daten und Dokumenten zu einem Bilderteppich unseres Jahrhunderts gearbeitet. Dabei wird sichtbar, dass Probleme, die uns heute bedrängen (z.B. Wettrüsten, Arbeitslosigkeit, Frauenfragen, Fortschritte gehen den Schneckengang), sich schon Anfang des Jahrhunderts als brennende Themen erwiesen haben.

Die Auslieferung der Zytglogge-Bücher besorgt in der BRD:
Proost en Brandt, Dieselstrasse 1, 5000 Köln 40